建筑业数字化转型应用报告（2023）

《建筑业数字化转型应用报告（2023）》编委会　著

科学出版社

北　京

内 容 简 介

本书是建筑业数字化转型应用的报告，旨在通过专业、全面、系统、深入的调研，对现阶段建筑业数字化应用现状摸底，并从各个维度进行总结梳理，以供建筑业从业人员以及对建筑业数字化转型感兴趣的读者使用。

本书具有行业视角、专业深度和全面系统性；具有权威、全面的调研数据，能真实反映行业现状，科学预判行业发展；对于不同类型、不同阶段的建筑业企业、政府行业主管部门具有参考、借鉴价值，拥有行业公信力。

图书在版编目（CIP）数据

建筑业数字化转型应用报告. 2023/《建筑业数字化转型应用报告（2023）》编委会著. —北京：科学出版社，2024.5
　ISBN 978-7-03-077334-0

Ⅰ．①建⋯　Ⅱ．①建⋯　Ⅲ．①建筑业-数字化-研究报告-中国-2023

Ⅳ．①F426.9

中国国家版本馆 CIP 数据核字（2023）第 242725 号

责任编辑：付　娇　辛　桐/责任校对：马英菊
责任印制：吕春珉/封面设计：东方人华平面设计部

科 学 出 版 社 出版
北京东黄城根北街 16 号
邮政编码：100717
http://www.sciencep.com

北京中科印刷有限公司印刷

科学出版社发行　　各地新华书店经销
*

2024 年 5 月第 一 版　　开本：787×1092　1/16
2024 年 5 月第一次印刷　　印张：10 3/4
字数：255 000
定价：32.00 元
（如有印装质量问题，我社负责调换）

销售部电话 010-62136230　编辑部电话 010-62135120-2025

本书编委会

于　鑫　中建八局总承包建设有限公司设计管理部副经理

广西建工集团有限责任公司

刘阳国　企业管理部（技术中心）副总经理

覃春成　集中采购部副总经理

湖北省工业建筑集团有限公司

肖仲华　党委委员、副总经理、总工程师

费飞龙　湖北工建科技产业投资有限公司党总支副书记、总经理

胡　威　湖北工建科技产业投资有限公司党总支委员、副总经理

黄　俊　技术中心副主任

曾　乐　湖北工建科技产业投资有限公司产品经理

河南科建建设工程有限公司

马西锋　董事、副总经理

宋慧友　BIM 中心土建负责人

中交第一航务工程局有限公司

潘　伟　副总经理、总工程师

冯海暴　数字化管理部总经理

马宗豪　数字化管理部副总经理

李　冰　数字化管理部一级主管

刘学春　数字化管理部一级主管

新疆生产建设兵团建设工程（集团）有限责任公司

丁建昕　副总经济师

陈　蔚　经营部主管

张湘玉　集采中心主管

甘肃省建设投资(控股)集团有限公司

胡继河　副总经理

潘存瑞　科技创新部部长

李生银　应急安全（公司管理）部部长

李松洋　应急安全（公司管理）部一级主管

刘　亮　科技创新部

王润泽　科技创新部

大连三川建设集团有限公司

王　强　信息中心主任

葛铁柱　技术部经理

郑州一建集团有限公司

樊　琳　总经理助理

余中强　成本管理中心经理

张继永　企业管理与发展部副经理

宋　飞　企业管理与发展部信息化主管

河南省建设集团有限公司

朱利军　副总经理

梁　艳　工程管理部总监

常欢欢　科技创新部总监

徐　菊　企业管理部总监

刘永帅　财务部副总监

郭跃栋　信息化主管

朱仁鲜　企业管理部主管

河南省路桥建设集团有限公司

杨　桦　党委书记、董事长

田　涛　党委副书记、副总经理

刘金波　首席专家、工程与安全管理中心经理

孙国华　企业管理部（信息中心）经理

庞　敏　技术中心副主任

河南城源建设工程有限公司

赵　烨　总经理助理

赵佩林　运营负责人

赵　珂　成本总监

李林珍　成本经理

郭彬虹　行政经理

山西路桥建设集团有限公司

郭聪林　总经理

白永胜　总经理助理

郭　鑫　信息中心主任

四川华西集团有限公司

丁云波　副总工程师，华西数字产业集团有限公司董事长，
　　　　四川华西集采电子商务有限公司党支部书记、董事长

陈　伟　华西数字产业集团有限公司副总工程师

刘　斌　华西数字产业集团有限公司技术中心数字化平台主任

吴　斌　华西数字产业集团有限公司技术中心研发部部长

中国一冶集团有限公司

高　宓　科技与信息化管理部副总经理

刘剑锋　科技与信息化管理部科长

万　均　科技与信息化管理部副科长

黑龙江省一恒建设工程有限公司

杜维松　党委书记、董事长

侯连权　副总经理

李俊宇　工程管理部

杨　贺　工程管理部

中国核工业二四建设有限公司

李　兵　副总经理

范桂斌　副总工程师

叶　勇　数字信息部主任

史成龙　数字信息部高级主管

马利鑫　数字信息部高级主管

山西建投物资贸易有限公司

刘建伟　总经理

吴　健　副总经理、信息化分管领导

刘　涛　平台研发部部长

张　鸿　电商事业部经理

山西省安装集团股份有限公司

王利民　党委书记、董事长

梁　波　总工程师

宋文帅　BIM 信息技术研究院执行院长

王海亮　BIM 信息技术研究院副院长

王戌峰　BIM 信息技术研究院副院长

刘向东　BIM 信息技术研究院研发总监

江苏省华建建设股份有限公司

王吉骞　副总经理

卢　达　工程管理部经理

刘成君　财务部经理

张　荣　信息中心主任

贾立吟　信息中心主管

成都建工集团有限公司

刘　宏　总工程师

杨　敏　信息中心副主任

中国中铁电气化局集团有限公司

林云志　总工程师

杨　柳　信息技术中心主任

裴　宁　信息技术中心副主任

区嘉亮　信息技术中心科长

王　巍　信息技术中心人员

中交基础设施养护集团有限公司

宁鹏刚　经营开发部总经理

洪俊光　经营开发部高级主管

景　彪　经营开发部高级主管

王　岩　经营开发部一级主管

谭雅中　二级主管

浙江乔兴建设集团有限公司

徐文龙　总裁

顾钟伟　原信息部主任、现招采部总监

张耀斌　信息专员

吴　烨　总裁办主任

张　俊　办公室主任

宁波市政工程建设集团股份有限公司

许 瑾 党委副书记、纪委书记、工会主席

程滨生 副总经理

陈黎明 信息中心主任

徐健学 信息中心副科长

马 益 信息中心数据分析师

厦门市政工程有限公司

徐连财 党委书记、董事长

林立祥 党委副书记、总经理

林镇陆 党委委员、纪委书记

郑金泉 党委委员、副总经理

尤 阳 综合办副主任（主持工作）

中亿丰建设集团股份有限公司

李国建 总工程师

中交建筑集团有限公司

李国华 数字化管理部总经理

刘宇峰 科学与设计部管理部副总经理

张美莲 数字化管理部高级主管

冷 净 数字化管理部高级主管

参编单位：

中国建筑第八工程局有限公司

广西建工集团有限责任公司

湖北省工业建筑集团有限公司

河南科建建设工程有限公司

中交第一航务工程局有限公司

新疆生产建设兵团建设工程（集团）有限责任公司

甘肃省建设投资(控股)集团有限公司

大连三川建设集团有限公司

郑州一建集团有限公司

河南省建设集团有限公司

河南省路桥建设集团有限公司

河南城源建设工程有限公司

山西路桥建设集团有限公司

四川华西集团有限公司

中国一冶集团有限公司

黑龙江省一恒建设工程有限公司

中国核工业二四建设有限公司

山西建投物资贸易有限公司

山西省安装集团股份有限公司

江苏省华建建设股份有限公司

成都建工集团有限公司

中国中铁电气化局集团有限公司

中交基础设施养护集团有限公司

浙江乔兴建设集团有限公司

宁波市政工程建设集团股份有限公司

厦门市政工程有限公司

中亿丰建设集团股份有限公司

中交建筑集团有限公司

前　言

党的二十大报告提出，全面建成社会主义现代化强国，以中国式现代化推进中华民族伟大复兴，并明确提出加快建设网络强国、数字中国，加快发展数字经济。发展数字经济已上升为国家战略，数字化转型是"十四五"时期我国国民经济和社会各领域提档升级的主线。聚焦到国民经济支柱产业——建筑业，正面临时代的机遇和挑战，逐步走上集约式高质量发展的新道路。

为进一步推进《"十四五"数字经济发展规划》及相关政策落地，加快推动新一代信息技术与建筑工业化技术协同发展，中国建筑业协会与广联达科技股份有限公司联合策划并组建《建筑业数字化转型应用报告（2023）》编委会，编写了《建筑业数字化转型应用报告（2023）》（以下简称《报告》）。《报告》通过对行业专家的采访、对建筑业数字化从业者的广泛调研以及对企业数字化负责人的深度访谈，为读者呈现现阶段建筑业数字化应用的现状。在报告中，可以了解到企业如何根据自身情况进行数字化顶层设计与实施落地，在数字化建设中有哪些价值期许及遇到了怎样的问题。编委会希望通过调研结论及企业经验的分享，为读者提供借鉴，共同探索新模式、新路径。

《报告》主要从以下 4 个方面展开论述：

第 1 章"建筑业数字化应用情况专家访谈"，调研组邀请建筑行业专家代表，从行业趋势、企业发展、技术方向等多维度，宏观介绍建筑业数字化转型情况，对行业转型升级提出具有前瞻性的研判。

第 2 章"建筑业数字化应用情况问卷调查"，调研组以线上问卷的方式对 1900 余位建筑业从业者进行全面、系统、深入的调研，对不同企业、不同岗位层级的从业者调研数据进行归类分析，摸底建筑业企业数字化应用情况。

第 3 章"建筑业数字化应用情况企业走访"，调研组对不同性质、不同规模的具有典型性的 30 家建筑业企业进行调研，与企业数字化转型负责人及团队面对面交流，更深层面挖掘企业在数字化转型中的一些规律和问题，并将其中 28 家企业数字化应用调研情况汇编集中呈现，可供读者深入了解。

　　第 4 章"建筑业数字化应用情况总结与建议"，对整体的调研现状进行总结，认为调研受访者最为关注的是数字化转型工作能带来的价值，以及目前数字化工作在推进过程中所面对的问题该如何解决。综合调研实际情况，编委会从价值与问题两方面进行总结，并提出建筑业数字化转型相关建议，以供读者参考。

　　建筑业企业数字化转型是行业高质量发展的主要推动力已成为行业共识，引领建筑业企业聚焦数字化发展和技术创新，在建造全过程加大数字技术的集成与创新应用，升级产业链条，增强中国建筑业企业国际竞争力，是《报告》愿景之所在。

　　感谢参与《报告》立项、调研、撰写及出版的各位行业同人，是大家的共同努力为行业发展做出一点贡献。由于作者水平有限，书中内容和观点不足之处在所难免，敬请指正。

目　录

第 1 章
建筑业数字化应用情况专家访谈

数字化转型是个相对复杂的过程，建筑业的数字化应用情况又处于发展初期，为更系统性地了解建筑业数字化转型情况，编委会邀请行业领导和专家代表，分别从行业趋势、企业发展、技术方向等多维度，全面深入地分析建筑业数字化转型情况。本章以专家访谈的方式进行，针对建筑业数字化转型推进情况，每位专家做了相对系统的分析和解读，并结合自身工作经历从不同的视角解读了建筑业数字化转型中遇到的问题及发展方向。各位专家的视角不同，分析和解读的问题有所差异，或针对类似的问题从不同角度进行总结，为推动建筑业数字化转型工作提供参考。

1.1　专家访谈——丁烈云

丁烈云：中国工程院院士、华中科技大学原校长

问题 1：第四次工业革命悄然到来，在您看来，此次技术革命对中国建筑业有什么影响，我们应该如何应对？

第四次工业革命技术特征是人工智能，产业形态是数字经济。《中华人民共和国国民经济和社会发展第十四个五年规划和 2035 年远景目标纲要》提出要发展七项前沿领域，人工智能排序第一。美国参议院 2021 年通过《无尽前沿法案》，人工智能排在 10 个前沿领域的第一位。

回看前三次工业革命，建造业相比于制造业总是滞后一拍，究其原因，概括为两个。一是建筑业产品个性化太强。工业化是批量生产的，而每一栋建筑每一个工程都要重新设计，很难实现批量生产。二是建筑业不确定性更大。工业化确定性比较稳定，可以通过流程来进行控制，但是建筑业很难进行流程控制。尽管如此，我们也应看到建筑业和制造业相比"慢一拍"的时间差越来越小。所以面对第四次工业革命，建筑业一定要把握历史机遇，不能总是滞后一拍。

发达国家在促进建筑业抢抓第四次工业革命上，纷纷制定了相应战略。各国发展战略主要围绕更加安全舒适美丽健康的建筑品质、施工过程中减少事故做到更加安全、制

定举措提高生产效率效益、人工智能与新材料技术的应用等展开。

如何促进建筑业高质量发展，我国也出台了一系列改革政策。抢抓第四次工业革命这一重大机遇，迫切需要从战略层面研究中国建造高质量发展，实现工程建造的转型升级。

问题 2：目前看来，"工业化、智能化、绿色化"的建筑业发展方向正在逐步清晰，在您看来，制定什么样的目标，才能有效牵引中国建造高质量发展的落地？

当前正是全面建设社会主义现代化国家的起步阶段，建立新型建筑工业化体系是中国建筑业高质量发展的第一步。初步建立以绿色建造为目标，以智能建造为技术支撑的新型建筑工业化体系，形成行业发展新生态、转型升级新格局。到 2035 年，中国建造的硬技术和软实力要全面提升，成为全球建造强国，拥有先进的技术体系和产业体系，具有强大创新能力和竞争力。到 2050 年，中国建造竞争力要达到世界领先，成为建设富强民主文明和谐美丽的社会主义现代化强国，以及人类命运共同体的重要支柱。

具体的目标体系可以从四个方面来分解：一是提供高质量的建造产品，着眼于提供高质量、智能化、绿色化、以人为本的产品和服务，不断提高工程品质；二是建造过程效率效益提升，提高劳动生产率同时降低施工能耗强度，大幅度减低责任事故，分步实现建筑工业化生产；三是建造组织的优化，建立多元主体共治共享的现代化治理体系和产业工人队伍，形成一批世界一流企业、产业集群和新业态；四是加大科技创新投入，增加创新投资占比、自主知识产权核心技术、提高价值发明专利，建立产业互联网平台，广泛使用智能装备和建造机器人，实现建筑工业化与智能建造融合发展。

问题 3：有了目标就有了方向，在您看来，下一步中国建造应当从哪些方面找到适合自己的发展路径，实现弯道超车？

总体来说，中国建造未来发展路径可概括为"四大任务"和"五大重点工程"。

"四大任务"：

一是绿色建造。绿色建造要实现"三全绿色"，即全性能绿色、全过程绿色、全要素绿色。实现全性能绿色，包括以下两方面：一方面是全过程绿色，包括低碳设计、绿色施工、低碳运行、资源化利用等；另一方面是全要素绿色，包括绿色建材、绿色技术、绿色金融、绿色能力等。

二是智能建造。以智能技术为核心的现代信息技术与以工业化为主导的先进建造技术深度融合，通过数据-知识驱动工程勘察、设计、生产、施工和交付全过程，实现建造活动和过程的自感知、自学习、自决策和自控制，人机共融协作完成复杂建造任务的新型建造模式。智能建造的本质是数据知识驱动工程，相对于经验驱动和流程驱动，数据驱动是大量数据积累后，通过人工智能的深度学习，找到规律并应用，其中数据是基础，模型是核心，软件是载体，机器是支撑。具体实现措施：第一是软件上补短板，解决"卡脖子"问题；第二是工程物联网上扬长项，力争跻身世界先进行列；第三是工程机械上促升级，打造人机共融建造系统；第四是工程产业互联网平台要强优势，大力发展工程数字经济新业态。

三是工业化建造。依据全国新型工业化推进大会会议精神，以下三个方面值得大家重点学习：第一是认识上，以中国式现代化全面推进强国建设、民族复兴伟业、实现新型工业化是关键任务；第二是理论上，深刻把握新时代新征程推进新型工业化的基本规律；第三是路径上，把高质量发展的要求贯穿新型工业化全过程。具体实现措施：首先是进一步完善工业化建筑体系，包括完善干式装配式结构的设计理论及规范标准，提升装配式建筑设计的标准化、信息化水平；其次是提高工厂柔性生产线水平；最后是发展现场类工厂作业建造装备与建筑机器人。

四是全球化发展。全面实施"走出去"战略和"一带一路"倡议；推进建筑产业迈上现代化和国际化；中国建造国际竞争力达到国际先进水平；全面塑造"中国建造"国际品牌。具体实现措施：第一是"咨询＋技术"创新引领，提升中国建造国际品牌影响力；第二是大型国企担当引领"中国标准走出去，将中国标准融入国际标准"；第三是强化风险防范与安全管理；第四是践行企业社会责任，提高中国企业国际信誉度。

"五大重点工程"：

一是质量与安全提升工程，具体任务措施包括：落实质量主体责任，建立全寿命周期质量安全监管体系，建立质量安全一体化治理框架，建立全面的质量安全文化理念。

二是企业能力提升工程，具体任务措施包括：战略能力的引领，技术创新能力、要素配置能力、市场开发能力的支撑，品牌与文化能力、风控与合规能力、数字化能力的基础夯实。

三是从业人员能力提升工程，具体任务措施包括：创新人才培养模式；改革人力资源管理体制，保障建筑工人权益；推进产教融合与校企结合的"双元"人才培养；建立信用管理与职业责任保险的联动机制；加强面向行业智能化的专业人才和产业工人队伍培养。

四是科技支撑工程，具体任务措施包括：提升建筑业科技创新的支撑能力，扩展建筑业科技创新投入渠道，加强建筑业科技创新人才队伍，推广建筑业科技创新成果应用，健全建筑业科技创新评价机制。

五是行业治理现代化工程，具体任务措施包括：建立数据驱动多元共治的治理体系，由单向监管走向共生治理，由被动受理走向主动服务，由经验决策走向数据驱动，由封闭循环走向开放进化；实现数据驱动的政府服务、数据驱动的行业协调、数据驱动的标准制定，以及数据驱动的企业自治。

1.2　专家访谈——毛志兵

毛志兵：中国建筑业协会第七届理事会专家委员会常务副主任委员、中国建筑股份有限公司原总工程师

问题 1：近年来，随着数字经济的崛起，作为传统行业的建筑业也进入了数字化转型的高质量发展新阶段，那么，当前形势下建筑业如何实现高质量发展，关键是什么？

我认为，建筑业高质量发展的内涵是在保持较大产业规模的基础上，产业整体竞争力更为强大，集中体现为"资源节约、环境保护、过程安全、精益建造、品质保证，最终实现价值创造"。对建筑业而言，借助"中国制造、中国创造、中国建造"这"三造"融合来推动技术创新与行业变革，是建筑业实现高质量发展的最根本路径。

建筑业的技术革命与钢铁工业、机械制造业、信息产业等工业部门的技术升级密切相关。以"制造＋创造＋建造"为特征，加速现代工业技术、信息技术与传统的建筑业融合创新，将是推动建筑业实现高质量发展的必由之路。此外，在新发展理念的要求下，促使传统建造方式向节能、绿色、低碳、环保等现代化建造方式转变，推动中国建造绿色化、智慧化、工业化和国际化协同发展，是中国建筑业在新时代面临的新任务，更是推动建筑业供给侧结构性改革的重要举措。

具体来说，要推动建筑业实现高质量发展，需做好以下几方面工作：第一，进一步加大建筑领域的绿色化发展和减碳力度，转变传统建造方式，大力发展绿色建筑；第二，推动中国建造的智慧化发展，智慧化已成为全球建筑产业未来发展的主要方向，是行业竞争力和创新力的直接体现；第三，以工业化方式重新组织建筑业是提高劳动效率、提升建筑质量的重要方式，对带动建筑业全面转型升级、打造具有国际竞争力的"中国建造"品牌具有重要意义；第四，建筑企业实施海外战略，投身"一带一路"建设，有利于在新发展格局下拓展国际发展空间，增强经济活力、影响力和抗风险能力。

问题 2：您提到了要"转变传统建造方式，大力发展绿色建筑"，在"双碳"目标下，发展绿色建筑对我国建筑业发展有什么现实意义？"双碳"目标会给我国建筑业带来哪些影响？

针对第一个问题，当今世界，绿色发展已成为全球发展的重要趋势。绿色发展与创新、协调、开放、共享发展理念共同构成新发展理念，成为指导经济发展和社会进步的

重要指引。城乡建设是推动绿色发展、建设美丽中国的重要载体，与人民生产生活息息相关。

当前，传统建造方式面临的资源、环境、人力等方面的制约不断凸显，难以满足绿色发展要求，迫切需要转变建造方式，通过采用现代技术手段，提高建造及运行过程的资源利用效率，降低对生态环境的影响，实现节能环保、效率提高、品质提升与安全保障，促进可持续发展。

至于第二个问题，我认为"双碳"对建筑业的影响是挑战与机遇并存。

第一，挑战前所未有。我国新建和存量建筑规模巨大，存在高耗能、高排放问题，同时，新建建筑目前的建造技术等也有待改进。因此，建筑领域的减碳难度非常大，成本代价也很高。

第二，全产业链颠覆。绿色生产方式和建设模式涉及的建筑设计、施工及运营的全过程产业链，将面临全面变革。设计阶段应从建筑全生命周期的角度考虑资源节约、环境保护，加快推进低能耗、近零能耗建筑的规模化发展；建造阶段应该加大绿色建造力度，注重绿色建材的应用，并从建造的人、机、料、法、环全要素来推动绿色发展。

第三，未来机遇空前广阔。住房和城乡建设部印发的《"十四五"建筑节能与绿色建筑发展规划》提出，到 2025 年，完成既有建筑节能改造面积 3.5 亿平方米以上，建设超低能耗、近零能耗建筑 0.5 亿平方米以上，装配式建筑占当年城镇新建建筑的比例达到 30%，全国新增建筑太阳能光伏装机容量 0.5 亿千瓦以上，地热能建筑应用面积 1 亿平方米以上，城镇建筑可再生能源替代率达到 8%，建筑能耗中电力消费比例超过 55%。不难预见，未来在节能建筑、装配式建筑、光伏建筑、建筑垃圾循环利用等方面，市场空间巨大。

问题 3：在当前建筑业数字化转型的关键时期，企业及行业应如何去应对"双碳"带来的这些挑战，抓住这种历史性发展机遇呢？

我认为，推进建筑行业实现"双碳"目标，要抓住和落实如下两方面。首先，要抓住"三全"特征，即牢牢抓住全生命周期、全过程、全参与方的特征，在建筑全生命周期中贯穿绿色、低碳、环保、生态等要素。其次，要在城市、社区、项目三大载体落实好"三体"责任：城市要科学制定实施方案，明确目标，合理规划路径，限制高能耗、高污染的生产活动，统筹厂房、园区、交通、能源共同减碳；社区要大力倡导绿色低碳的生产方式和生活方式；项目是最基本的单元，是减碳的源头，要推行节能环保的生产方式。

在此，我总结出"五度"措施：

第一，提升"高度"，加强顶层机制设计。一是开展碳排放定量化的研究，确定碳排放总量约束目标；二是优化绿色施工的标准，把碳减排指标纳入企业绿色标准体系中，衡量建筑工程的碳排放量、研发投入成本、资源消耗量和经济效益；三是构建目标体系、市场体系、标准体系、技术体系、产业和产品体系，为业界实践提供参考路径；四是构建绩效评价和考核体系，建立建筑用能及碳排放总量目标的分解和量化实施机制。

第二，挖掘"深度"，突破关键技术。推动技术革新和升级换代，重点解决"卡脖子"的技术难题。一是提前布局"双碳"重大关键技术的研发，围绕能源替代、节能减碳、循环利用、碳捕获与封存、智慧建造等方面布局关键技术的专项科研攻关；二是尽快进行清洁能源、低碳、零碳、负碳、建筑材料等重大前沿技术领域的布局，深入开展光储直柔、抽水蓄能、建筑电气化、智能物联网等关键技术的攻关；三是研发运用各类建筑减碳新工艺、新技术、新产品，加快部署推进新型材料、新型结构、资源综合利用等低碳前沿技术的研究、储备和应用，不断挖掘减碳的技术潜力；四是大力发展信息技术，实现智慧建筑、智慧园区和智慧城市等的持续迭代升级，探索研究建筑信息模型（building information model，BIM）、城市信息模型（city information modeling，CIM）技术融合及数字孪生技术，加快信息技术与工程业务的深度融合。

第三，加大"力度"，推动转变生产方式。建立新型的建造方式体制机制，建立健全科学实用、前瞻性强的新型建造方式标准和应用实施体系，完善相关技术体系和产品。强化新型建筑方式的新理念，建立新型建造方式的平台体系。打造创新研究平台、产业集成平台、成果应用推广平台。

第四，拓宽"广度"，全产业链协同减碳。纵向拉通、跨界融合、空间拓展是基本的要求。围绕工程建设的主业，为投资开发、规划设计、施工建造、运营维护提供可行的一揽子低碳节能方案；建立跨行业、跨领域的协作平台，以更加开放的心态和颠覆式的资源整合方式，构建具有吸引力的产业生态圈，形成绿色低碳产业链和供应链。

第五，寻找"温度"，助力稳增长保就业。目前，进一步稳增长稳市场主体保就业的形势，给以低碳为基础的零碳建筑、零碳社区、零碳城市等带来了广阔的发展空间，将为国民经济尤其是建筑业的稳健发展、保障民生和就业提供助力。"双碳"目标是推动构建人类命运共同体的重要支撑，也为中国建造指明了发展方向。全力构建中国建造体系和品牌，共同推进全球绿色可持续发展，中国建筑业任重而道远。

第 2 章
建筑业数字化应用情况问卷调查

随着数字化技术在建筑业应用价值的逐步显现，数字化转型也在越来越多的建筑业企业中获得了更多的重视。鉴于不同区域、不同类型、不同规模的建筑业企业，以及企业中不同的岗位角色，对于建筑业数字化转型的认知不尽相同，本《报告》通过问卷调研的形式，对建筑企业进行了广泛调研，旨在客观全面地反映当前建筑业数字化转型的情况，从而为更有效地开展数字化工作提供参考。

2.1 调研对象情况

本次线上调研共回收有效问卷 1907 份；问卷回收渠道涵盖"中国建筑业协会官网""建筑业从业者手机短信"等；调研覆盖业主、设计、施工、咨询、数字技术等不同领域的企业，涉及企业层、项目层等不同层级的数字化建设与应用相关岗位人员。调研旨在了解中国建筑业企业数字化转型应用的现实情况，以及在转型过程中企业、个人所面临的问题。来自不同区域、不同企业、不同岗位角色的调研对象对其企业数字化应用情况进行了客观反馈。下文将从调研背景出发，通过数据分析来解析当下建筑业数字化应用情况。

参与本次调研的 1907 位调研对象来自 30 个省、自治区、直辖市。其中，北京、江苏的人员占比较大，分别为 16.94% 和 10.28%；此外，占比超过 5% 的区域有湖北、山东、广东、浙江（图 2-1）。从单位类型来看，2023 年调研对象中有 1273 位来自施工总承包企业（包括旗下科技公司），占比 66.75%，较 2022 年占比降低；专业承包公司占比 8.39%，较 2022 年占比上涨；值得注意的是，数字化科技公司占比 5.35%（图 2-2）。施工总承包企业作为此次调研的主体，来自特级资质企业的调研对象最多，占比 58.76%；一级资质企业占比 34.33%；二级资质企业占比 5.97%（图 2-3）。

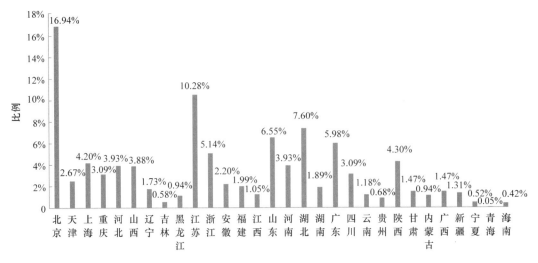

图 2-1 被调研单位区域分布

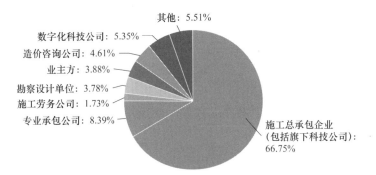

图 2-2 被调研单位类型分布

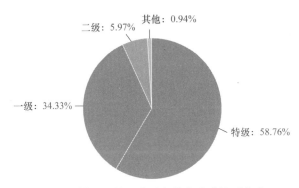

图 2-3 被调研施工总承包单位企业资质分布

从调研对象所属企业的性质来看，国有企业是主体，其中，央企占比 29.10%，地方国企占比 26.32%，民营企业占比 39.28%，有很少一部分外资或合资企业（图 2-4）。

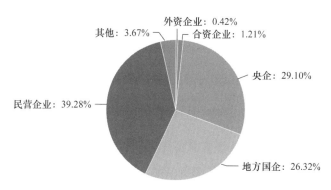

图 2-4 被调研单位企业性质分布

从调研对象岗位情况来看，在项目层面，项目经理/总（副）工程师占比达到 **16.03%**，项目上的技术人员占比达到 **16.50%**，这说明在信息化项目中项目经理/总（副）工程师的角色非常重要，项目上的技术员扮演着重要的技术支持角色；在企业层面，集团/分公司信息化部门负责人、集团/分公司非信息化部门负责人占比相差不大，分别为 **8.48%**、**8.33%**，这说明在企业层面，信息化部门及业务部门都很关注数字化的建设与发展；施工总承包企业旗下科技公司主要负责人的占比最低，仅为 **0.39%**，这可能是因为目前科技公司数量相对较少（图 2-5）。

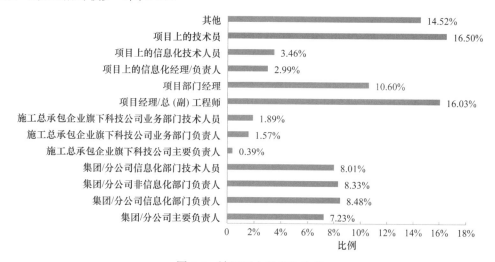

图 2-5 被调研人员岗位分布

综上所述，参与本次调研的调研对象以施工总承包企业为主，其中又以具有特级或一级资质的企业居多；在企业性质上，以民营企业和央企、地方国企为主，而外资企业相对较少；从岗位方面来看，企业层面与项目层面均在关注企业数字化转型的应用发展。

2.2 调查数据情况

由于来自施工总承包企业及旗下科技公司的受访者占比超过六成，故而在下文中，将分为施工总承包企业与其他企业两类进行数据分析。在针对施工总承包企业数字化转型应用情况的分析中，由于不同层级从业者所了解的领域不同，且对同一事物的观点有所差异，调研组分别对企业层和项目层不同岗位人群进行了数据统计，以便于更清晰地了解不同层级从业者对行业数字化的认知及态度，更准确地分析行业数字化应用现状。

2.2.1 数字化规划与建设

在施工总承包企业数字化应用规划制定情况方面（图2-6），近一半的企业（49.02%）已经清晰规划出近3～5年的数字化建设目标，表明这些企业已经开始重视数字化应用规划的制定。25.16%的企业正在规划数字化应用，但尚未确定具体内容，这些企业已经开始意识到数字化应用的重要性，但还需要做进一步的研究。10.07%的企业没有数字化应用规划，只是在几个业务板块中应用数字化，这些企业对数字化应用的重视程度较低。9.85%的企业已经清晰规划出了更远的数字化建设目标，对数字化应用的未来发展有着长远的眼光。5.90%的企业不清楚数字化应用规划的情况，这表明这些企业需要更多的宣传和指导，以便更好地了解数字化应用规划的重要性。

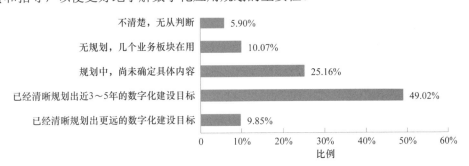

图2-6　施工总承包企业数字化应用规划制定情况

从企业层来看，正在建立数字化相关组织以推进数字化建设和已完成组织建设正在推进业务人员应用是主流，分别占比 24.95%和 23.63%。现阶段数字化建设的重点是如何利用数字化系统解决业务难点。这个结论的得出基于以下几个因素："相关业务板块开始主动应用数字化系统，重点在利用相关数字化系统解决业务难点"这一选项的比例最高，达到了 22.10%；而其他选项中，大部分比例都比较低，只有"已经可以利用数字化系统解决业务问题，重点在打通企业内数据流转辅助决策"这一选项的比例相对较高，为14.66%。综上所述，从企业层面的认知来看，现阶段数字化建设的重点是如何利用数字化系统解决业务难点，同时也需要关注数据流转和数字化建设的经济价值。建议进一步梳理和优化数字化系统，以更好地解决业务难点，同时也要注意数据的安全性和保密性，确保数字化建设的可持续性和长期效益（图2-7）。

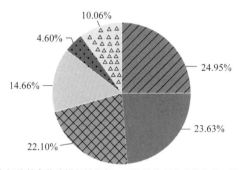

正在建立专门的数字化建设相关组织，系统性梳理企业数字化工作
已经建立数字化组织，重点在让更多业务板块相关人员主动应用数字化系统
相关业务板块开始主动应用数字化系统，重点在利用相关数字化系统解决业务难点
已经可以利用数字化系统解决业务问题，重点在打通企业内数据流转辅助决策
已经解决数据流转问题，重点在寻找如何衡量数字化建设的经济价值
其他

图2-7 现阶段施工总承包企业数字化建设重点工作

从企业层来看，关于企业现阶段数字化组织建设情况，建立公司层信息技术（information technology，IT）部门是数字化组织中最常见的形式，占比42.67%；其次是与第三方公司合作完成，占比 18.16%；未建立相关组织的占比为 18.82%；成立科技公司或相关组织的占比为15.75%；其他的占比为4.60%（图2-8）。

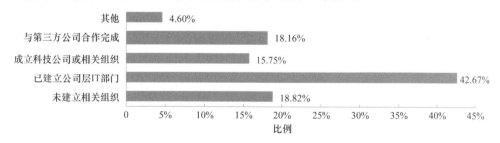

图2-8 施工总承包企业数字化组织建设情况

企业之所以成立科技公司或相关组织，主要是为解决公司内部数字化推行、服务专业化的问题，这在调查数据中得到了充分的反映，即：76.39%的企业选择科技公司作为其数字化转型主要手段；其次是增强企业综合实力及数字化领域品牌力，占比 50.00%；

解决软件公司无法满足公司个性化需求的问题也是企业成立科技公司的因素之一，占比23.61%；通过科技公司的运营增加企业利润虽然占比较低（8.33%），但可以看出企业对科技公司运营的经济效益寄予厚望（图2-9）。

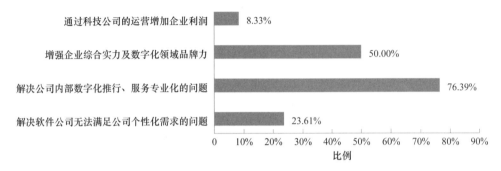

图 2-9　施工总承包企业成立科技公司或相关组织的原因

　　大多数施工总承包企业成立科技公司是为了解决公司内部数字化推行、服务专业化的问题，通过科技手段提供定制化、个性化的解决方案，反映了科技公司在企业数字化转型中的重要角色。

　　调查数据显示，施工总承包企业旗下科技公司的企业规模主要集中在 11~50 人和100 人以上，分别占比 38.89% 和 31.94%；小规模企业（10 人及以下）占比为 15.28%，规模较大的企业（51~100 人）占比为 13.89%。 从数据可以看出，科技公司的规模分布相对均衡，没有明显的规模集中现象。这些数据对于了解科技公司的企业规模和发展情况具有一定的参考价值，可以为公司的战略规划和人力资源管理提供一定的依据（图 2-10）。

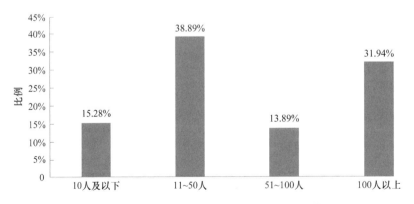

图 2-10　施工总承包企业旗下科技公司的规模

　　施工总承包企业旗下科技公司的数字化重点工作主要集中在解决业务需求和平台建设两个方面，分别占比 61.11%和 44.44%；各系统集成和中长期规划也是重点工作，分别占比 31.94%和 29.17%；当前已把数据治理作为重点工作的企业相对较少，只有13.89%。可以看出，企业在数字化转型过程中，更注重业务需求的解决和平台建设，大部分企业尚未达到数据治理的程度（图 2-11）。

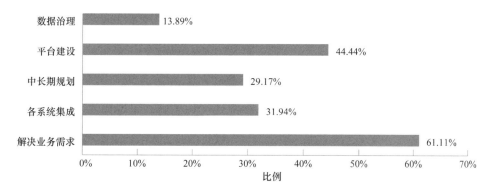

图 2-11　施工总承包企业旗下科技公司的重点工作

　　关于施工总承包企业旗下科技公司和总公司信息化建设工作的关系，有 51.39%的受访者选择只服务于总公司信息化建设，而 48.61%的受访者选择充分市场化运营。可以看出，对于这个问题，两种选择都有不少的支持者，没有明显的优劣之分（图 2-12）。

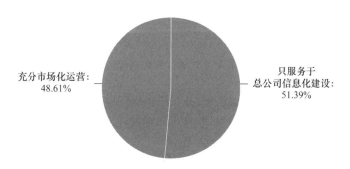

图 2-12　施工总承包企业旗下科技公司与总公司信息化建设的关系

　　实施服务是施工总承包企业旗下科技公司人员构成中比例最高的岗位，占比达到76.39%；开发与需求收集分析岗是科技公司的重要岗位，分别占比 52.78%和 55.56%；软件商对接也是科技公司中比较重要的岗位，占比 40.28%；市场销售岗位的占比较低，只占 26.39%。这说明虽然科技公司服务于总公司信息化建设与充分市场化运营所占比例旗鼓相当，但现实情况中更多的还是前者（图 2-13）。

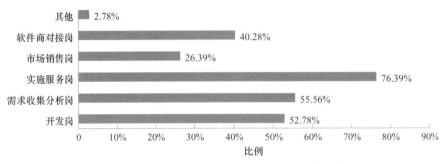

图 2-13　施工总承包企业旗下科技公司中的关键岗位

调查数据表明，施工企业旗下科技公司的收入来源主要有两种统计模式，分别为独立核算和集团投资。其中，独立核算占比为 **43.06%**，集团投资占比为 **56.94%**（图 2-14）。

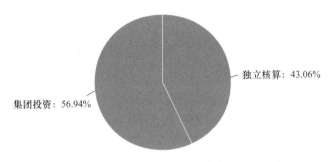

图 2-14　施工总承包企业旗下科技公司的收入来源

施工企业旗下科技公司与软件商的合作有以下几种模式：第一，自身确定需求和方案，交软件商实施，占比 **47.22%**；第二，自身主导软件开发，软件商配合，占比 **27.78%**；第三，由软件商提供规划及实施方案，占比 **22.22%**。此外，有 2.78% 的科技公司选择全部自研。综上所述，科技公司在软件开发方面更倾向于自身确定需求和方案，然后交由软件商实施。同时，科技公司也愿意在软件开发过程中起主导作用，但需要软件商的配合。只有少数科技公司选择全部自研，说明大多数科技公司对软件商的依赖程度较高（图 2-15）。

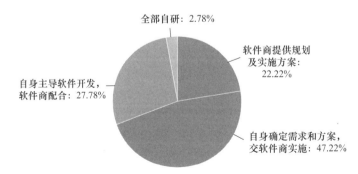

图 2-15　施工总承包企业旗下科技公司与软件商的关系

2.2.2　数字化应用与效果

在应用层面，施工总承包企业已进行的数字化应用主要包括办公自动化（office automation，OA）系统、财务管理、集中采购、公司集成平台、项目管理平台、智慧工地、成本管理、人力资源管理和 BIM 应用。其中，OA 系统和财务管理是最常见的数字化应用，分别占比 87.53% 和 81.84%，智慧工地占比 73.09%，整体上数字化应用的普及程度较高。集中采购和 BIM 应用，分别占比 69.80% 和 68.05%，其他选项占比 3.72%，包含党政管理、业财一体化集成等方面（图 2-16）。

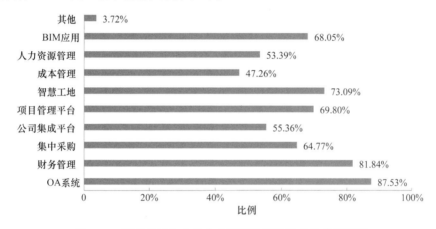

图 2-16　施工总承包企业企业层已进行的数字化应用情况

在针对项目层受访者的调研中，OA 系统应用占比 77.86%，这表明 OA 系统在大多数公司中被广泛使用；其次是智慧工地和项目管理平台的应用，占比分别为 57.44% 和 52.40%；BIM 应用的占比（44.28%）也相对较高（图 2-17）。

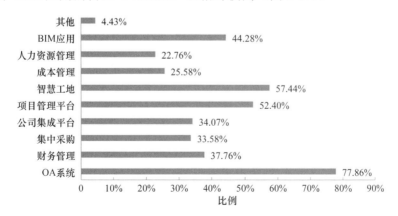

图 2-17　施工总承包企业项目层已进行的数字化应用情况

　　针对 OA 系统板块，企业层认为应用效果"很好"的受访者占比 34.84%；认为效果"好"的受访者占比 29.82%；认为效果"一般"的受访者占比 29.32%；3.26%的受访者认为效果"差"；认为效果"很差"的受访者则占比 2.76%。综合来看，超过 64%的受访者对 OA 系统的应用效果持肯定态度，其中近 35%的受访者认为应用效果很好，反映了 OA 系统在企业中具有一定的应用价值。在项目层面，对于 OA 系统的应用效果评价与企业层基本一致（图 2-18）。

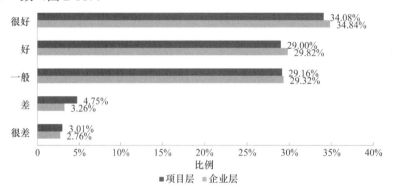

图 2-18　施工总承包企业对 OA 系统板块应用效果的评价

　　依据调研数据来看，施工总承包企业财务管理板块的应用效果较好。在企业层受访者调研中，认为"很好"和"好"的比例达到了 67.88%，略高于项目层 64.18%；而"很差"和"差"的比例仅为 3.63%，略低于项目层 5.75%；28.49%的受访者认为应用效果"一般"（项目层为 30.07%），这可能是因为财务管理软件的复杂性和学习成本较高，导致一些人使用起来有一定困难。从比例上看，"好"和"很好"的比例高于"一般"、"差"和"很差"的比例，说明财务管理板块的应用效果整体上还是比较受用户认可的（图 2-19）。

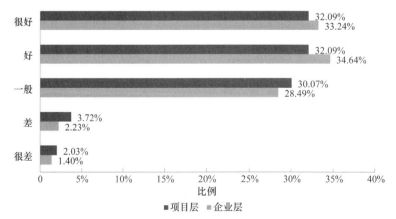

图 2-19　施工总承包企业对财务管理板块应用效果的评价

在集中采购板块的应用效果调查中，企业层选择"很好"和"好"的受访者占比63.99%。集中采购得到了大部分企业层员工的认可和好评。虽然有一些受访者选择了"很差"或"差"，但所占的比例相对较低，这表明集中采购在某些方面可能存在一些问题，但整体上它对企业的运营产生了积极的影响。此外，"一般"选项的比例也比较高，占比29.71%，这可能意味着员工对集中采购的效果并没有非常强烈的满意或不满意的情绪，他们认为集中采购在一定程度上是有效的，但可能还有改进的空间。在项目层面，受访者对"集中采购"板块应用效果的评价亦是如此（图2-20）。

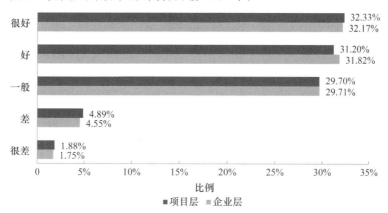

图2-20 施工总承包企业对集中采购板块应用效果的评价

对于公司集成平台板块的应用效果，企业层和项目层的受访者观点有细微差别，但总体上来说均给出了较高评价，"很好"和"好"的评价占比分别为 61.05% 和 64.58%，"一般"的评价占比分别为 31.32% 和 31.36%，"差"和"很差"的评价占比较低。这说明大部分人对公司集成平台板块的效果持中等以上的评价（图2-21）。

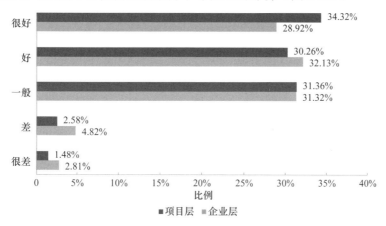

图2-21 施工总承包企业对公司集成平台应用效果的评价

在项目管理平台板块的应用方面，大部分受访者对项目管理平台的应用效果持正面评价。在企业层，肯定（"很好"和"好"的评价）项目管理平台应用效果的受访者占比59.81%，31.96%的受访者认为效果"一般"；在项目层，这两项数据分别为 62.74%、29.08%（图2-22）。

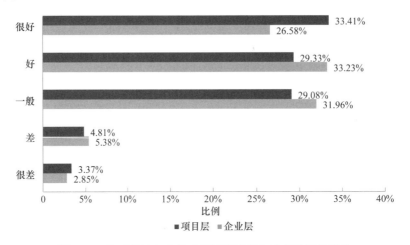

图 2-22　施工总承包企业对项目管理平台应用效果的评价

施工总承包企业智慧工地板块的应用效果，在企业层面得到超过 50%受访者的认可（"很好"和"好"的评价），近 40%的人选择了"一般"；而在项目层则有不同的反映，64.34%的受访者肯定智慧工地板块的应用效果，高于企业层受访者，认为"一般"的则低于企业层受访者（图 2-23）。

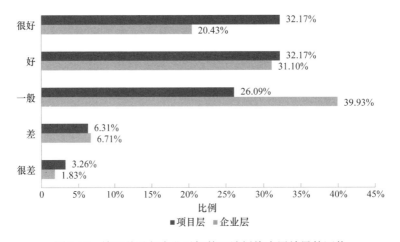

图 2-23　施工总承包企业对智慧工地板块应用效果的评价

从成本管理板块应用效果的调研数据来看，整体上企业应用效果较好。其中，企业层受访者"很好"和"好"两个选项的比例加起来为 59.33%，项目层则为 63.36%，占据较大比重；企业层和项目层认为效果"一般"的受访者分别占比为 33.49% 和 29.70%，说明还有一部分被访者认为目前的成本管理板块应用效果并没有达到预期（图 2-24）。

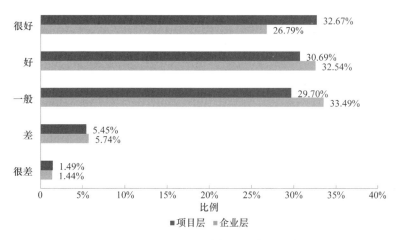

图 2-24　施工总承包企业对成本管理板块应用效果的评价

对于人力资源管理板块的应用效果，企业层与项目层均有广泛的认可（"很好"和"好"的评价），分别占比 59.00% 和 65.36%，但企业层选择"一般"的受访者超过 30%，存在一些需要改进的地方。企业应该加强对人力资源管理的重视程度，不断优化管理流程和方法，以提高员工满意度和工作效率（图 2-25）。

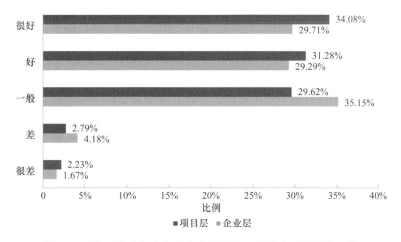

图 2-25　施工总承包企业对人力资源管理板块应用效果的评价

从本次数据调查结果来看，在 BIM 应用板块的应用效果方面，超过 50% 的企业层受访者持肯定态度；持反对意见的受访者占比相对较低，为 8.71%；值得注意的是，有相当数量的受访者认为效果"一般"（占 38.39%）。项目层受访者的评价较企业层稍高，但认为效果"一般"的受访者仍占比 32.77%。由于选择"一般"的人数最多，因此未来在推广 BIM 应用时，应考虑提升其应用价值和易用性，以提高用户对其应用效果的满意度（图 2-26）。

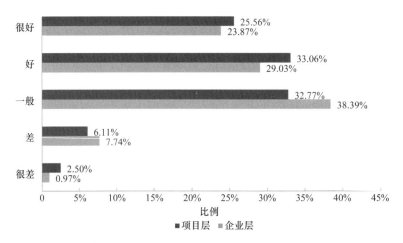

图 2-26　施工总承包企业对 BIM 类数字化系统应用效果的评价

2.2.3　数字化期待与阻碍

从企业决策者的角度来看，最期待看到的数字化应用价值包括以下几个方面：首先，应包含项目进度、质量、安全、人员、成本、收益等方面在内的全方位的数字化展示，占比达到 87.31%，这表明决策者希望能够通过数字化工具来全面了解项目的运行状况，以便做出更为精准的决策；其次，通过数字化手段预判和解决潜在的风险、问题，占比为 64.11%；再次，了解各公司的经营状况、效益等，占比为 66.30%，决策者希望通过数字化手段来了解各个公司的运营状况，以便进行资源分配和战略调整；最后，通过数字化手段了解产业链信息（如供应链状况、伙伴信用、产业新型技术、其他样板等），比例为 59.52%。此外，了解未来发展趋势也相当重要，比例为 46.17%。综上所述，企业决策者最想通过数字化的转型，及时了解项目现状、潜在的风险和问题、各公司的经营状况、产业链信息以及未来发展趋势，这些信息可以帮助他们做出更为明智的决策，提高企业的竞争力和效益（图 2-27）。

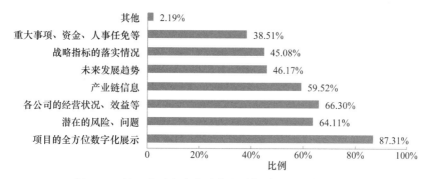

图 2-27　施工总承包企业决策者最想看到的数字化价值

从项目层受访者的角度来看，通过数字化的手段提升工作效率是数字化应用的主要价值（占比 87.70%），此外，展示工作成果（60.15%）、规避工作中的潜在风险及问题（59.29%）、通过数字技术衡量工作价值（57.44%）也是比较重要的方面（图 2-28）。

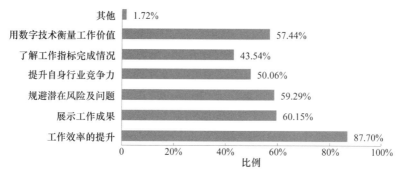

图 2-28　施工总承包企业项目层最想看到的数字化价值

对于非施工总承包企业的受访者来说，应用数字化最想得到的价值同样集中在提升工作效率（69.10%）、展示工作成果（36.12%）和衡量工作价值（31.32%）方面（图 2-29）。

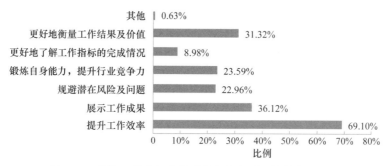

图 2-29　非施工总承包企业受访者最想看到的数字化价值

在关于企业数字化建设中遇到的阻碍因素的调研中，施工总承包企业企业层受访者认为以下几项较为关键：一是缺乏数字化相关人才，占比 52.52%，证明人才短缺仍然是数字化建设的主要瓶颈之一；二是数字化应用短期价值不凸显、长期价值认知不足，影响积极性和推进节奏，占比 43.33%；三是缺乏科学的建设规划，占比 27.79%，这表明企业在数字化建设顶层设计方面需要更多的科学指导和专业建议。此外，企业负责人对数字化建设不够重视，各部门之间没有共同目标、各自为政、缺乏协作机制，投入成本高昂，也是比较重要的方面（图 2-30）。

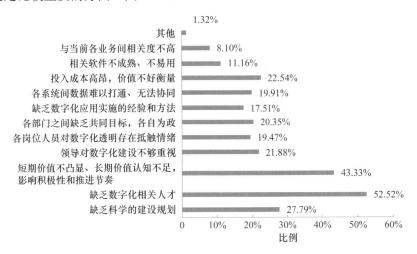

图 2-30　施工总承包企业企业层受访者眼中数字化建设阻碍因素

对于施工总承包企业项目层来说，虽然数字化建设阻碍因素维度有所变化，但人才的缺乏同样是第一难题（47.36%）。此外，阻碍因素更多倾向于实施落地层面，比如缺乏数字化实施经验和方法（43.91%）、软件不易用（38.75%）、数据难打通（39.73%）等；当然，在价值层面数字化与各业务的相关度较低、价值不明显（39.85%），也不容忽视（图 2-31）。

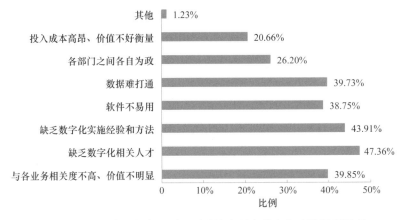

图 2-31　施工总承包企业项目层受访者眼中数字化建设阻碍因素

对于非施工总承包企业的受访者来说，数字化建设阻碍因素排在第一位的是数据孤岛问题，数据难以打通，无形中增加了应用者的劳动量，占比 48.43%。这表明需要解决数据整合和标准化的问题，才能更好地推动数字化技术的应用和发展（图 2-32）。

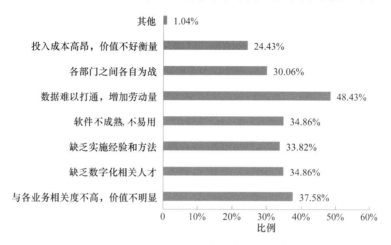

图 2-32　非施工总承包企业受访者眼中数字化建设阻碍因素

对于所有受访者来说，现阶段企业数字化建设最迫切要做的工作：首先，将数字化与传统管理相融合，创新管理方法，以适应数字化时代的需求，占比 51.34%；其次，提高企业全员对数字化的认知并达成共识，占比 34.35%；最后，建立数字化方面人才培养机制，占比 33.46%。总的来说，企业数字化应用需要从多方面入手，包括创新管理方法、建立人才培养机制、提高全员认知和做好规划等，这些是现阶段企业数字化建设最迫切要做的事（图 2-33）。

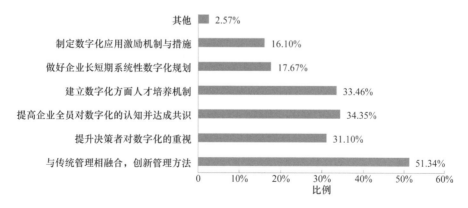

图 2-33　现阶段企业数字化建设最迫切要做的工作

对于行业数字化发展的主要推动力，受访者普遍认为政府（占比 69.95%）与企业自身（占比 70.27%）是最重要的因素。政府在数字化政策推动、资金投入、基础设施建设等方面发挥了重要作用，为行业数字化发展提供了有力的支持；企业作为数字化发展的主体，自身也在科学规划、技术升级、人才培养、制度配合等方面，推动着行业数字化的发展；行业协会（占比 42.37%）作为政府与企业之间的桥梁，在规范和实施行业发展规划、制定和推进行业标准、为企业提供服务等方面，一定程度上推动了行业数字化的发展。同时，也要注意到其他相关力量的存在，共同推动行业的数字化进程（图 2-34）。

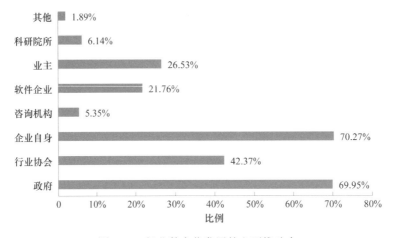

图 2-34　行业数字化发展的主要推动力

关于数字化相关知识来源的调研，受访者大多是通过软件商、专业书籍以及培训机构进行学习，占比分别为 39.12%、38.91%、37.76%；此外，标杆企业观摩学习（29.68%）、第三方咨询公司（29.05%）和网络媒介（28.95%）也是比较重要的学习渠道（图 2-35）。

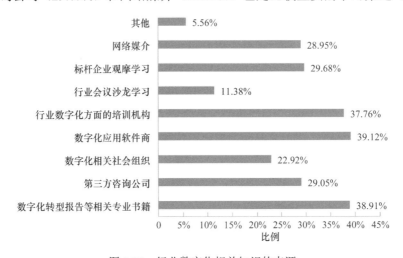

图 2-35　行业数字化相关知识的来源

第 3 章
建筑业数字化应用情况企业走访

作为市场主体，建筑业企业的数字化应用是建筑业数字化转型的重要组成部分。不同性质、不同规模、不同类型的企业对于数字化转型的需求也不尽相同；同时，企业在引入数字化技术应用时所处的阶段不同，数字化建设的重点工作也有所不同。为了详细了解不同企业数字化转型的情况，编委会特选定在行业中具有一定代表性的企业，进行走访调研，旨在反映出不同企业数字化转型的特点，在更客观地展现建筑业数字化转型情况的同时，也可以供相关企业对标参考。

3.1 中国建筑第八工程局有限公司建筑业数字化转型应用情况调研

调研对象名单

蒋绮琛：中国建筑第八工程局有限公司工程研究院 BIM 技术研究所业务经理

张　凡：中国建筑第八工程局有限公司工程研究院 BIM 技术研究所业务经理

孙文博：中国建筑第八工程局有限公司工程研究院 BIM 技术研究所业务经理

刘天宇：中建八局第四建设有限公司设计管理院 BIM 主管

于　鑫：中建八局总承包建设有限公司设计管理部副经理

3.1.1 企业基本情况

中国建筑第八工程局有限公司（以下简称"中建八局"）是中国建筑股份有限公司的全资子公司，职工总数超过 5 万人。2017 年获"三特三甲"资质［建筑工程施工总承包特级、市政公用工程施工总承包特级、公路工程施工总承包特级三项施工资质，工程设计建筑行业（建筑工程）甲级、工程设计市政行业甲级、工程设计公路行业甲级三项设计资质］，业务贯通房建、市政、公路、水利、铁路、港航六个领域；2020 年获中国国家铁路集团有限公司投标牌照。

中建八局分为局总部管理和公司管理两个层次。从二级单位设置来看，呈现明显的集团化（直营分公司＋子公司）发展特征。组织架构设计和调整紧密结合公司战略布局和业务发展需求。从组织对业务的支撑来看，中建八局为发展五大板块业务，除号码子公司、分支机构外，还设立了相应的专业化子公司。例如，在创新业务方面，设立中建八局环保科技有限公司和中建八局科创产业发展有限公司两家专业化子公司。

3.1.2　数字化规划情况

科技创新方面，总部工程研究院（技术中心）和科技部负责提升科技支撑引领力建设的整体协调；号码子公司、分支机构等成立科技部或技术中心开展本公司科研工作；专业科研机构在局技术中心和科技部的整体协调下，资源共享、分工合作，有序开展不同层次的研发工作。同时，中建八局开展多层次、多渠道、多方式的科技合作交流，对内与中建系统内的公司进行科技业务对标交流，对外开展企业合作和校企合作。

信息化建设方面，总部负责信息化建设的总体规划，并对下属单位进行指导；二级单位成立专门的信息化管理部门，负责本单位信息系统的建设和推广，各二级单位"一把手"作为信息化主管领导，是本单位信息化建设工作的第一责任人，是数字化转型的重要推动者。二级单位招采、财务系统按照中国建筑股份有限公司和中建八局要求使用云筑网和企业资源计划（enterprise resource planning，ERP）系统，其他主要业务系统由本单位统一研发、统一采购、统一管理、统一推广；并成立信息化管理部门，充实公司信息化规划研究人才队伍。

3.1.3　数字化应用情况

数字化应用领域：采用总部统筹共建、各二级单位自建的方式进行数字化转型。转型过程遵循统筹规划、整体建设和分级部署的原则，分批上线不同领域的数字化项目，推动全局数字化转型。

数字化系统情况：深化系统升级，提升管理水平；注重数据治理，打破数据障碍；助力现场管理，提高建筑效率。通过数字化转型和数字化管理应用，同时对项目和企业层面的业务执行、战略决策、数据分析等需求进行全面赋能，基本实现覆盖项目管理的全流程、多模块、各层级的协作管理。

数字化应用成果：打造公司数字建造一体化平台，通过平台建设提升业务覆盖面，固化标准化流程和实现业务全面线上化，实现业务纵向管控、横向协同、数据流程贯通，推进业务标准化和数据标准化建设，提升管理效率和标准化运营能力。

平台打造方面，通过信息化平台的搭建固化企业的标准化流程管理，提升管理效率；业务全面线上化实现无死角数据可视化管理，达到企业的集约化管理。专业赋能方面，通过核心业务系统用于项目全生命周期管理，赋能均质履约、成本精益把控，强化主业优势；通过知识库、标准流程的建立，深化核心优势，补齐能力短板，塑造新核心竞争力，突破发展瓶颈。智能支持方面，大数据分析赋能管理决策、业务实施，提升企业管理、战略决断的科学性、准确性、全面性；数字化应用提升数据采集自动化，解放人工，解决劳动力短缺核心痛点。业务开拓方面，尽快补齐信息化建设基础，让数字化应用落地，同时布局数字化新业务，打造企业的新边界，拉动新时代以技术和创新驱动的价值创造。决策支持方面，以公司数字建造一体化平台为业务数据源，通过决策支持系统建设实现各级运营数据汇总分析，为公司决策层、管理层、业务部门进行相关分析提供支持。其中业务部门层搭建大数据分析平台，通过即席查询、透视分析等核心能力建设满足大数据量的查询及多维度分析；决策管理层搭建可视化展示平台，通过管理驾驶舱展示各业务核心指标，提高辅助决策能力。

数字化存在的问题：数字化转型需要对公司的组织结构和流程进行重新调整，需要员工接受新的工作方式和技术工具，与传统业务模式相比，部分员工对新技术抱有抵触情绪，导致流程冲突；智能化手段尚不成熟，还有很大的潜力可开发。

3.1.4　企业数字化建议

对于行业主管部门、行业协会：期望起到建筑行业数字化转型引导作用，通过行业主管协会的平台，不断汇集建筑业数字化转型相关政策、相关政府或区域数字化建设最新进展，建立行业主管协会数字化转型信息标杆；完善建筑业数字化转型相关标准，引领行业发展；根据政府建筑业数字化转型相关政策，建立完备的评奖评优体系；针对工程项目数字化建造试点项目、三星级"智慧工地"项目在评奖评优方面给予支持；针对建筑业数字化转型特点、转型之路，引导产业层次的转型发展、提升竞争优势，应大力组织建筑业数字化转型公益讲堂，引导更多企业进行平稳化转型；联动建筑业产业上下游，发挥资源纽带作用，围绕建筑业布局数字产业化，在建筑业的支柱作用下，更高效、更快捷、更平稳地进行数字化产业转型。

对于业主方：作为建筑行业的建设方、投入方、使用方以及建设全流程中的数字化产品管控方，业主方在建筑业数字化转型中具有举足轻重的作用。建议业主方明确数字化建设需求、参考的标准，在建筑合同中明确数字产品合同额，指导施工企业施工方向，提升建筑业质量。

对于软硬件服务商：建议软硬件服务商提供更佳的数据内容兼容性。不同软件之间兼容性差，是长期存在的问题，而建筑业的数字化发展正要面对这个问题。提高软件兼容性，增加软件用户，使软件功能更丰富，用户使用更流畅，有助于提升软件商在日益更新的建筑行业中的竞争力。应以建筑模型为基础，与其他技术进行深度融合，比如图像识别、云计算、人工智能（artificial intelligence，AI）、建筑机器人、智慧工地、智慧规划、智慧运维、数字孪生等，赋予BIM新的活力和价值。在同等条件下，鼓励优先使用国产软件，尤其在BIM类"卡脖子"技术方面，鼓励使用国产软件进行开发。

对于同行：建议杜绝过度宣传，数字化产品不能过度宣传，部分功能实现不能代表整个软件或技术的应用效果，应注重应用实效和带来的价值。积极拥抱时代变革，在完成生产的同时，积极探索相关数字化产品，赋能施工，提质增效。重视数字化转型，数字化转型是改变建筑业格局的一个重要因素，加强数字化研发过程中的管控，保证交付质量，为行业发展贡献一份力量。

3.2 广西建工集团有限责任公司数字化转型应用情况调研

调研对象名单

刘阳国：广西建工集团有限责任公司企业管理部（技术中心）副总经理
覃春成：广西建工集团有限责任公司集中采购部副总经理

3.2.1 企业基本情况

广西建工集团有限责任公司（以下简称"广西建工"）是广西壮族自治区千亿元企业。集团公司业务以建筑工程施工与安装为主，前伸后延产业链，涵盖房地产开发、建筑机械制造与租赁、混凝土、建材销售、基础设施投资、装配式建筑等板块，形成了一业为主、多元并进、产业链比较完整的发展格局。目前，集团旗下有子公司22家，其中特级资质企业9家，在职员工3.1万人，拥有各类专业技术人员近1.8万人，建造师1万多人，年提供就业岗位约25万个。集团主要经济指标自2010年以来连续11年保持两位数的增幅。2013年新签合同额突破1000亿元大关。2018年营业收入突破1000亿元，实现利税总额58.47亿元。2021年实现营业收入1312.49亿元，同比增长8.5%，实力居中国企业500强第185位。多年来，广西建工始终在全国省级建工企业中排名前三，在广西百强企业中排名前三。

3.2.2 数字化建设重点

2018 年，广西壮族自治区政府提出全面实施大数据战略，加快数字广西建设。广西建工全力推进数字化建设，将"数字建工"提升为企业的发展战略。根据发展战略要求，集团公司加快发展大数据，加强集团管控和优化集团资源配置，以"数字建筑，数字建工，数字企业"推动集团转型升级、提质增效。同时，以打造"数字建工"为目的，以工程项目全生命周期精细化管理为主线，以"大数据服务平台"为抓手，实现项目管理信息化全过程应用与产业链的协同。

数字化应用重点：为落实"数字建工"战略，广西建工大数据中心从各业务管控需求入手，深入集团所属各公司、项目部开展调研，理顺项目管理流程，分析项目管理难点、痛点，其中最为核心的是数据资产用不起来。由于各公司应用重点不同，前期缺少统一的顶层规划设计，集团统建系统和公司自建系统之间存在应用覆盖面和应用深度不统一、应用数据标准不统一等问题，系统之间数据未能互联互通，致使"数据孤岛"林立。与其他行业相比，建筑行业产业链条长，项目分布存在"点多线长面广"的特点，广西建工的工程项目遍及国内外，从高原到峻岭，管控难度极大。在项目所有管理要素中，资金与成本管控又显得尤其重要，能不能把数据资产的利用与项目资金成本管控结合起来是关键。在与各内部单位反复研讨后，广西建工大数据中心将此定为突破口，并明晰了"合同管理为主线，成本管控为核心，资金管控为抓手"的管控思路。

数字化组织结构：目前，集团公司大数据管理主要采取四级管理模式，与集团公司组织架构相对应。项目部负责在各系统中录入本项目基础数据，保证数据准确、及时；分公司对各项目数据进行核实，并对数据真实性、有效性负责；子公司承担了本单位系统应用推广，解决实际使用过程中遇到的困难、问题等职责；集团公司担任统筹规划任务，协调各系统、各子公司之间存在的问题，形成数据报表，为管理人员提供决策依据。

3.2.3 数字化应用情况

数字化系统及应用领域情况：2019 年 10 月，广西建工推进"数字建工"大数据管理平台建设，以项目成本管控为核心推进项目信息化管理，建设集团项目管理大数据平台，打通"集团—子公司—分公司—项目部"数据通道，推动业财融合，打造集团数字项目管理平台及大数据集中管控平台。平台建设以工程项目全生命周期管理为主体，以产业大数据、产业征信、产业金融等为增值服务，通过内、外部数据的共享和快速流转，实现集团商务财务资金、线上线下操作、各个业务系统、上下产业链条的互联互通。

　　自 2019 年 11 月起，广西建工大数据中心项目组（下文简称"项目组"）围绕投标业务、合同业务、资金业务、成本业务等重点板块，走入各单位开展调研，深入分析和评估业务需求。以成本大数据建设为例，项目组认真检查各单位综合项目管理系统流程应用及数据归集情况，细致了解业务数据与财务资金数据对接情况，发现普遍存在流程设置不规范、成本数据归集难度大、业务财务数据无法及时对接等问题。

　　各子公司虽都上线了项目管理系统，但因初始诉求、管理和投入等差异，应用效果参差不齐，更加关键的是，核心的项目管理系统部署在子公司，集团层无法直观看到项目数据，缺少数字化手段来实行有效的风险管控，难以对亏损项目治理形成助力。在建设目标方面，在集团层面统一搭建数字化平台，集约化资源统一管控，实时掌握项目成本信息，进行过程管理与风险监管，辅助集团智能分析并辅助决策；在子公司层面，管理向服务转变，大量数据管理转化为大数据管理，利用大数据平台的数据采集及积累，形成企业知识体系，支撑下级各单位的知识共享，持续为企业各层级进行赋能。总体来说，广西建工集团有限责任公司在集团层面搭建一个统一的企业级大数据管控决策平台，形成面向总部、子公司、分公司、项目部的四级穿透式管控，实现数据共享、过程管理与风险管控，在各个组织层级都可以实现投标、合同、资金、成本等多板块的数字化管理。

　　接下来是将集团、子公司、分公司、项目部等各层面的数据采集起来，为数据仓库的搭建做准备。但项目组很快遇到又一个难关，也就是广西建工最初困惑的问题——如何实现不同项目系统之间数据的互联互通。其做法概括起来就是：实施"3＋1"项目管理机制，业务驱动与数据驱动双轨并行，相互促进。

　　为破解建筑安装企业管理难题、堵住管理漏洞，集团编制了与项目管理息息相关的3 部手册：《项目作业手册》《项目成本管理手册》《财务会计核算手册》。其中，《项目作业手册》是对项目作业和管理的规范；《项目成本管理手册》是核心的文件，决定了项目成本管理的标准；《财务会计核算手册》确认了项目会计核算的标准流程，奠定了数据标准化、规范化的基础。大数据平台作为管理机制的载体，与 3 部手册相互衔接、相互贯通，环环相扣、形成闭环，构成了"3＋1"一体化的项目管理机制。

　　在 3 部手册的指引下，项目组进行了业务标准化梳理，围绕企业的业务活动、活动产生的数据表单、表单中的数据项，整理业务数据标准，同时细化了数据指标标准。在数据集成方面，项目组明确了大数据平台数据的集成原则，平台的主数据来源于集团的项目管理系统，同时借助第三方形成数据集成合并，为数据仓库的建设打好基础，至此形成了大数据平台建设的总体逻辑。自此，由 3 部手册和 1 个大数据平台组合而成的广西建工集团有限责任公司"3＋1"项目管理机制框架基本成型。

通过 3 部手册，完善项目管理机制、落实项目责任制和项目成本核算制，提高项目管理水平，形成完整的项目管控体系、资金管控体系；通过建设 1 个大数据决策平台，利用大数据技术，依托项目管理系统应用、数字集采、业财一体化和项目预警平台，推进项目精细化管理和集约化发展，提升项目盈利能力，从而助力企业转型升级和高质量发展。"3＋1"项目管理机制实施后，大数据支撑的决策智能化效果逐渐显现。

在业务数据采集方面，对有数据来源的，实现了从下属单位的综合项目管理系统中自动抓取数据，从生产统计报表中自动抓取数据，搭建广西建工的数据仓库，实现核心指标数据展示以及层层追溯；对没有数据来源的手工填报，实现核心业务智慧报表线上替代，自动汇总报表数据，提高了效率，减少了人为层层上报带来的数据失真。

在防范项目亏损方面，借助预警板块，从施工合同签订、目标成本、支出结算、付款等环节设置预警指标，一旦达到预警阈值就会报警，实现了资金成本双重管控，一定程度上降低了项目亏损的风险。

在决策智能化方面，借助项目管理大数据平台，相应管理人员可根据平台统计的实际值与目标值以及偏差程度，来标注风险管控情况，并通过数据驱动决策，实现 PDCA［plan（计划）、do（执行）、check（检查）、act（处理）］风险管控。集团公司各级管理部门都能够实时直观地了解各个项目的运行情况，及时调整决策。

数字化应用成果：广西建工着力提升大数据赋能作用，提升大数据平台的实用性、适用性，推动数据与业务真融合、深融合。集团公司根据业务需求的变化及管控水平的提升，不断优化及升级大数据平台。现平台覆盖 15 个关键业务领域、87 个主要业务场景、300 多个核心业务指标，可实时有效掌握项目具体情况，提高风险管控能力。集团公司持续开展分/子公司层级大数据管理重塑工作。通过广泛调研，深入项目现场、分/子公司，剖析解决分公司层级数字化管控的痛点难点，梳理数字管控要点。目前使用大数据平台进行成本管控，实现穿透监控的项目达 2000 多个。

企业数字化存在的问题：企业数字化转型是一个很艰难的过程，并非是一个单纯的技术难题，建筑企业要想实现高质量发展，就必须要有正视问题的自觉和"刀刃向内"纵深推进自我革命的勇气。转型目标不明确、管理体系较僵化、机制变革难度大、思维能力有差距、数字生态不健全是每个企业数字化转型都必须面临的困难。广西建工集团从标准化起步，通过标准化和信息化的融合逐步解决企业内部管理问题，逐渐从信息化迈向数字化新时期。在这个过程中，集团公司实现六个转变：一是转思维，业务技术双轮驱动；二是转组织，建立信息化创新团队；三是转思路，循序渐进分段演进；四是转模式，解决垂直业务数据；五是转方法，数字技术解读业务；六是转范围，数字化赋能全业务。

3.2.4 企业数字化建议

企业相关业务部门需要加大对企业数字化转型的推动力度，大数据的推广不仅是信息部门的事情，业务部门也要积极参与，功能模块内容建设上要有针对性，切实解决企业的实际问题。

高层管理人员要有系统架构的思维和全局意识，熟悉企业整体业务。企业数字化转型团队的建设，建议由 IT 专家、业务专家、管理专家、施工技术专家组合成为一体的复合型团队。

要关注数据治理，打造数据应用能力。企业数字化转型过程中，在数据感知和获取能力之外，还要积极开展数据治理，打破数据壁垒，确保数据的及时性、准确性、有效性、完整性、一致性。在数据治理的基础上，构建数据的应用与服务能力和数字资产的管控能力，通过全面的大数据运用助力企业发展。

3.3 湖北省工业建筑集团有限公司数字化转型应用情况调研

调研对象名单

肖仲华：湖北省工业建筑集团有限公司党委委员、副总经理、总工程师

费飞龙：湖北工建科技产业投资有限公司党总支副书记、总经理

胡　威：湖北工建科技产业投资有限公司党总支委员、副总经理

黄　俊：湖北省工业建筑集团有限公司技术中心副主任

曾　乐：湖北工建科技产业投资有限公司产品经理

3.3.1 企业基本情况

湖北省工业建筑集团有限公司（以下简称"湖北工建"）是湖北省联投集团二级单位，省属国企，1950 年成立。具有建筑工程施工总承包特级、市政公用工程施工总承包特级、钢结构工程专业承包一级、工程设计建筑行业甲级、工程设计市政行业甲级等从业资质。注册资本 46.01 亿元，主营业务包括房屋建筑、基础设施、机电安装、投资运营、环保水务和工程设计等。2022 年新签合同额 425 亿元，营收约 258 亿元。

现有在职员工约 5000 人，总部机关约 180 人，各类专业技术人员 3000 余人，带动长期合作劳务从业人员近 5 万人。拥有全资和控股子公司 22 家、参股公司 7 家、分公司

40 家、1 所中等职业技术学校。管理层级有集团公司、分子公司（或事业部）、项目部三层管理层级。经营模式包含自营和联营，以自营为主。

3.3.2　经营目标及数字化规划

按照省联投集团赋予的"工程建设全领域总承包商"的定位，以及到"十四五"末期实现营收 500 亿元的目标，湖北工建"十四五"规划提出如下措施。对内：转型升级、提升管理、聚合人才；对外：搭建平台、兼并重组、聚集资源，提高投资、融资、设计、建造、运营全产业链管理和运作能力。要在企业改革、资本市场化、技术创新、品牌效应等方面实现新的突破。同时提出，湖北工建数字化转型的发展目标：到"十四五"末期，公司数字化业务产值规模达到 10 亿元，建设"工建云"，打造"BIM、ERP、项目管理"三大数字平台，实现项目状态全感知、企业管理全在线、运行数据全管控、集团在建项目态势全面感知、趋势智能预判的"十四五"数字化发展目标；2023 年完成项目管理平台一期建设；2024 年完成基于 BIM 的湖北工建数字建造平台建设；力争"十四五"末期发展成为湖北省内建筑行业龙头企业、全省建筑业前五强企业、中国 500 强企业。

湖北工建数字化顶层架构设计为 1 中心、1 门户、3 中台、N 应用的"113N"模型，通过自主可控的"工建云"业务中台、数据中台和技术中台建设，实现公司数字化的转型发展，以及数字化业务产值规模的达成；实现业务应用能用、能管，最终实现业务数据能看并能辅助决策。同时，在"工建云"业务中台、数据中台、技术中台上，要实现完全自主知识产权的建设目标。

3.3.3　数字化建设重点

数字化应用重点：围绕湖北工建"十四五"数字化建设蓝图和顶层架构设计，当前阶段，主要数字化建设目标为：融合各类数字技术，形成"一个品牌门户、两个管理平台"的湖北工建数字建造平台体系。构建数字工建，赋能产业升级。具体重点工作包括：项目级项目管理平台建设，BIM 图形轻量化引擎研发，企业级项目管理平台建设，BIM 技术应用与推广，数据报表分析平台建设，智慧工地应用推广建设等。当前湖北工建数字化应用，主要集中在全集团 BIM 技术应用和推广、全集团智慧工地应用与推广、全集团项目管理平台应用与推广上。同时，结合集团实际，将湖北工建相关的工法、专利等通过 BIM 建模，模拟工艺、施工流程，制作成三维动画视频，用于现场交底，形成了大量湖北工建特有的数字资产。

数字化组织结构：湖北工建现有由 1 家科技公司、2 家设计院、3 家分子公司技术中心和集团总部技术中心组成的科技研发载体，共有人员 530 余人。数字化建设主要由湖北工建科技产业投资有限公司承担，集团总部技术中心参与，有约 65 名专业人员参与集团数字化建设。

数字化投入情况：近年来，湖北工建围绕企业数字化建设进行了相应的投入。完成数字化建设相关科研立项 11 个，科研立项总金额约 1.05 亿元，截至目前已实际投入 6800 余万元。其中近 3 年，科研立项总额约 7000 万元，实际投入约 3500 万元。

3.3.4　数字化应用情况

湖北工建数字化应用主要包含：全集团项目生产过程信息化、数字化管理，BIM 技术应用推广，智慧工地建设，OA 系统建设等。

数字化系统情况：湖北工建前期引进了大量服务企业管理的信息化管理系统，包括数字工程项目管理平台、BIMFACE 平台、BIM 建模、报表平台、档案管理、工程项目管理、互联协同办公、章管家等信息化软件。从外采系统应用中，取长补短，应用探索，制定了湖北工建"先模仿、再创新、后自研的信息化、数字化建设"自主创新路径。目前集团应用的主要数字化系统包含：自研项目管理平台、自研智慧工地系统、自研 BIM 轻量化引擎等系统；OA 系统方面，采用的是第三方供应商办公系统。同时，针对部分项目特殊需求，引进了数字工程项目管理平台。其中，湖北工建自研项目管理平台完成了房屋建筑类智慧工地建设常用的 17 项智能硬件监测功能开发与集成，形成了统一对外开放的标准化接口，供设备供应商和软件供应商进行数据接入。

湖北工建自数字化转型立项启动以来，始终坚持走湖北工建特色的数字化建设路径，即按照先搭建基础平台框架，再逐步循序渐进推进，由粗到细、由简单业务到复杂业务、由能用到能管的方式路线进行湖北工建数字化建设；始终坚持能用、能管、服务项目、服务集团发展这个总目标，在不断调研、学习的过程中，探索适合湖北工建自身发展的数字化建设方向。未来，湖北工建还将继续围绕企业和项目实际需求进行数字化应用功能的设计和开发。

数字化应用成果：获得授权发明专利 19 项、实用新型专利 196 项、外观专利 2 项、软件著作权 60 余项。近 3 年，共获得国家级 BIM 二等奖 4 项、三等奖 2 项、优秀奖 1 项；获得省级奖项 3 项，包括一等奖 1 项、二等奖 1 项、三等奖 1 项；获得市级奖项 2 项。

数字化价值认知：其一，提升管理效率。通过数字化建设，规范管理流程，统一标准，线上信息化管理，减少跨部门间沟通内耗，提升企业管理效率。在管理业务流程处理上，可以节约 50%的时间。其二，提高项目管理水平。项目管理人员管理水平参差不齐，通过数字化应用，可以大幅度提升管理人员能力，从而提升项目管理水平。其三，积累数字资产。逐步把零散的数据进行整合，形成可以为领导决策服务的数据资产，为企业持续良好发展助力。推进数字化建设，有助于实现企业各层级间业务互联、数据互通，实现数据协同。推进数字化建设，也是建立企业品牌的举措，为湖北工建锚定建设一流企业助力。

数字化面临问题：其一，系统林立，数据孤岛现象严重。数字化建设前期，各类系统层出不穷，系统间数据互相独立，数据有效利用率较低。解决系统间数据不贯通问题，是集团级信息化的重点也是难点。其二，各层级需求不一致。集团级、分子公司级、项目部级各层级监管颗粒度不一样，需求不一样，顾及某一个层级需求时，系统很难全面应用起来。其三，新技术应用还不够。AI、5G、BIM 等新技术在施工工艺、施工管理、企业管理方面的深入应用不足，导致部分数据采集难、管理协同难。其四，部分人员认识还不够。虽然集团重视数字化建设，但部分人员对数字化重要性的认识还不够，比如项目管理平台的应用，现场部分人员认为增加工作量，还存在部分人员用补录数据应付管理要求的现象。其五，外部数据集成不够开放。部分第三方供应商平台数据集成对接存在二次收费情况，集成供应商数据时付出代价大、成本高。

3.3.5 企业数字化建议

数字化不是万能的，企业数字化建设一定要结合企业本身实际逐步推进，软件商应该更聚焦在实用、能管的应用场景上，不应该搞大而全营销，而应针对各企业的实际，能以最小代价进行二次开发应用场景功能，销售给企业使用，既节省企业的成本，又能切实帮助企业管理。

软硬件服务商的标准化产品，可以适当降低销售价格，走"跑量"订单。

3.4 河南科建建设工程有限公司数字化转型应用情况调研

调研对象名单
马西锋：河南科建建设工程有限公司董事、副总经理
宋慧友：河南科建建设工程有限公司 BIM 中心土建负责人

3.4.1 企业基本情况

河南科建建设工程有限公司（以下简称"河南科建"）是一家以房屋建筑、建筑装饰、建材贸易及大型建筑机械设备租赁为主营业务的成长型企业。拥有建筑工程总承包一级资质，装饰装修、防水防腐保温等专业承包一级资质，注册资本 1.1 亿元，主营业务年产值约 20 亿元。

公司建筑业务以郑州为中心，辐射中原经济区，专注于房屋建筑总承包产业，形成了总承包、建筑劳务、建筑设备租赁一体化经营管理模式。公司为工程项目的投资主体，直接管理所有承建项目，实行两级（企业级、项目级）直营管理模式。项目管理团队采取工程项目小股东的股权激励管理模式。

公司先后荣获河南省建筑业先进企业、河南省建筑业质量管理先进企业、河南省建筑业安全管理先进企业、河南省建筑业重点培育企业、河南省守合同重信用企业、中国建筑业 AAA 级信用企业等荣誉，并入选为河南省建筑业骨干企业、河南省建筑业协会常务理事、郑州市建筑业协会常务理事。

3.4.2 数字化建设情况

河南科建注重科技创新，以"标准化、精细化、数字化"管理为基础，积极探索信息技术在工程管理中的应用，构建项目级、企业级数字化管理平台，以数字化转型为契机，提升公司核心竞争力。

在公司高级管理层做好顶层设计，制定好切实、可持续的战略实施路线的前提下，企业各项目积极应用技术创新解决实际问题，推行数字化转型的制度和标准，规范各项目在施工管理过程中在数字化、信息化、智能化等方面进行的探索实践，实现企业技术创新与数字化管理的深度融合。

技术创新的管理与实施：第一，创新引领。公司秉承"科技兴企、创新强企"战略，整合内部科技人才资源，构建科技管理体系，对各项科技文件制度和工作流程进行完善，使得各项科技工作内容均有章可循；深入开展技术标准体系建设，编制完成了《科建建设强制推行标准化图册》《科建建设施工质量管理标准化图册》《科建建设施工作业工序标准化图册》《BIM 技术落地应用标准化图册》《鲁班奖项目工程创优总结》《鲁班奖创优策划指导图册》《四新技术成果汇编》《BIM 技术推广应用文集》《BIM 技术推广制度标准汇编》《工程创优及科技创新成果奖罚办法》《项目 BIM 技术及数字项目管理平台应用管理制度》。通过标准、制度、保障措施激励各项目在施工过程中不断开发新技术、新工艺，提高技术人员研发创新的主观能动性。

第二，公司 BIM 中心（公司技术中心）的建设。公司于 2016 年 10 月成立技术委员会、专家委员会，确立了公司技术中心工作章程，明确了公司技术中心各级各类人员职责，制定了完备的相关管理制度，并严格按照制度的有关要求开展技术工作，明确了公司技术中心近期及中长期的工作目标和发展规划。为确保公司技术中心健康快速发展，公司每年递增研发经费，不断培养壮大高素质、高技术、高水平科研人才，增添科研仪器设备，并聘请技术、信息、行业管理等方面的专家、学者、教授担任公司顾问，为企业高新技术产品的引进、开发提供指导和技术咨询。

公司始终坚持创新驱动发展战略，大力推进结构性战略调整，将创新放在更加突出的位置上，先后制定了《技术中心管理制度》《研发人员的培养进修制度》《职工技能培训制度》《优秀人才引进制度》《研发投入核算制度》《研究开发组织管理制度》《产学研合作制度》《科技成果转化的组织实施与激励奖励制度》等推动创新发展、促进科技进步和人才培养的制度，助力公司的快速持续发展。

通过以上技术创新的研发实施，公司在 2021 年成功申报并通过省企业技术中心的审核及公示登上河南省企业技术中心名单，标识着企业的技术创新工作已经迈向一个新的里程碑。

第三，技术创新的实施。项目在施工过程中加强四新技术的推广应用，在积极应用新技术、新工艺、新材料的同时，及时关注建筑节能环保新技术、新材料、新产品在示范工程中的应用、试验和实践，提升项目的经济效益；积极固化创新研究成果，参加省、市工法编制和申报工作；积极开展质量控制（quality control，QC）活动，把开展 QC 活动作为提高工程质量的重要措施，普遍建立 QC 小组，对工程的重点、难点问题进行攻关。

数字化转化的管理与实施：第一，建设数字项目管理平台。企业对数字化转型发展的探索始于 2017 年 6 月，选择锦艺四季城 C 地块项目作为试点，开始基于 BIM 技术的 BIM5D 平台应用，树立项目管理数字化的样板，为项目管理数字化积累经验。2018 年 BIM5D 平台得以在新开工项目中推广应用，并取得良好的效果，加快了企业项目过程控制与平台业务流的快速融合，逐步实现了具有河南科建特色的在线化过程管理业务流程。

第二，建设企业商务智能（business intelligence，BI）数据决策平台。随着项目平台数量的增加，各平台产生的数据也越来越多，项目数据整理、分析和应用的难度也开始变大，公司对项目数据的管理遇到了瓶颈。为解决项目平台数据管理的瓶颈问题，公司引进企业 BI 数据决策平台，将各项目管理数据集中在平台上呈现，实现了各项目之间管理数据的横向对比，并且评价数据真实，杜绝了传统项目对比过程中主观因素影响较大的不足，也实现了单个项目不同阶段的纵向对比，实现了项目管理的动态评价。此外，公司还与数字技术供应商合作，开展目标成本管理及过程成本数字化的相关工作，为企业实现成本管理数字化、在线化、智能化打下坚实的基础。

第三，建设智慧工地管理平台。2019年5月，在数字项目管理平台普及深度应用的基础上，公司引进智慧工地系统，使项目安全管理、绿色施工、劳务管理方面的管理效率再度提升。

目前，公司已经实现BIM5D平台、数字项目＋智慧工地系统平台、企业BI数字决策平台、协同办公系统、人力资源管理系统多个系统的联合应用，各平台之间数据互通互联，公司信息化管理初见成效。

数字化转型发展的难点：第一，数字化转型发展目标设定方面存在三类问题：第一类是目标不明确造成的盲目和混乱；第二类是目标设定过高，与当前企业管理水平不适应，造成数字化转型工作难以开展；第三类是目的性过强，以致转型发展失败。

第二，采用的数字化管理平台的标准不完善、不统一，可以满足单项目管理的需求，难以满足企业管理的需求；企业标准化管理水平低，数字化平台内置的流程、发起的工作任务不能在规定的时间内完成。

第三，未能根据企业自身的特点、标准化管理水平完善组织体系，工作参与人职责、权限不明确。根据目标进行任务分解后无法责任到人，转型发展工作参与者不知道自己应该在什么时间，按照什么标准，完成什么工作，工作完成后谁来验收。

第四，未能制定相应的管理制度，或者制定的制度奖罚不分明，制度可执行性差等。

第五，对BIM技术及数字化平台的价值挖掘深度不够，造成数字化技术及管理平台价值低，参与者不愿意使用，数字化技术被抛弃或淘汰。

数字化转型发展的应对措施：根据企业自身情况制定适合企业发展的阶段性目标，确定了先试点再推广、先项目后企业的数字化转型发展计划。

到目前为止，河南科建数字化转型的目标计划已全部完成。在数字化转型发展的过程中，公司根据项目管理需求、企业人力资源管理制度变革及人才培训的需求，增加了2019年1～7月试用智慧工地平台和2020年1～6月完成企业网络学院（企业教育平台）建设的工作。

完善企业数字化技术应用相关标准，陆续完成了企业BIM技术应用相关标准，BIM5D平台的质量问题分类标准、安全问题分类标准、材料清单、机械清单、实测实量标准，数字项目平台质量的相关标准等；为BIM技术应用、项目级平台及企业级平台运行打下了坚实的基础，取得了不错的成绩。

完善项目组织架构，明确参与人员职责分工及权利义务，优化和固化平台管理流程，并结合目标进行任务分解，责任到人；完善企业组织架构，在不改变原有部门管理职能的基础上，明确各部门的数字化转型发展相关职责，利用数字化平台的优势实现对项目的管理，做到降本增效。

充分结合数字化技术、平台特性及企业标准化管理水平制定制度，明确奖惩措施。完善覆盖企业、项目、岗位及作业工人各层级的制度，让数字化转型发展落到基层。在执行过程中，积极收集各层级意见，并根据软件或平台更新迭代情况对制度进行修订，确保可执行性。

针对数字化技术应用情况及特性，积极探索其应用价值。能够量化的价值进行量化，便于项目应用和对比分析；不能量化的，通过做好传统管理方式与数字化管理方式对比分析工作来体现价值。

3.4.3 数字化应用成果

企业致力于施工管理和建筑科技的研究与创新，获得国家级 QC 成果奖 6 项、省级 QC 成果奖 24 项、市级 QC 成果奖 35 项；获得省部级新技术应用示范工程 6 项、绿色施工示范工程 8 项；获得了"墙面干挂石材法""一种可调式建筑模板支撑结构"等国家发明专利 2 项、实用新型专利 41 项。

企业注重技术总结，近年来，先后获得了"楼板结构 50 控制线施工精准引测施工工法""双层双面薄壁钢龙骨耐火隔墙施工工法""基于 BIM 的加气混凝土砌块成孔（槽）预埋线管（盒、箱）的砌体成套施工工法"等省部级工法 14 项；获得施工技术创新成果奖 2 项、项目管理成果奖 2 项，参编行业标准 3 项。

公司围绕重点工程建设，制定科技发展规划，建立健全科技创新体系，加大科技资金投入，强化科技引进、开发、创新与运用，提升产业技术水平，全面实施科技兴企战略，不断促进企业技术积累和技术进步，开创了公司科技工作新局面。先后取得质量标准化工地 2 项、安全标准化工地 5 项、市优质工程 8 项、省优质工程 4 项，恒大绿洲项目 A10 地块与息县高级中学建设工程二期项目获得"中国建设工程鲁班奖" 2 项。

目前，公司已采用了 OA 系统、人力资源系统、数字项目管理平台、企业数字化管理平台（企业 BI）、物资设备采购招标系统等信息化系统；公司总部办公人员有近 90%的日常办公行为在线上完成。企业信息化系统的应用对提升公司管理水平正发挥着越来越重要的作用，信息化建设为信息的收集、整理提供便利，大大缩短了决策层的决策周期，减小了决策偏差，实现了资源快速交流与共享。

通过网络平台，实现公司、各项目计算机联网，实现公司与项目面对面地研究施工方案，点对点地指导、监督。开发适用企业发展的网络管理软件，推广标准化施工管理软件，实现办公科学化、自动化，逐步实现办公无纸化。充分利用信息化的资源共享性，让各参建方进行信息共享和协同工作，提高工作效率和管理水平。如利用网络和多媒体技术可以让偏远项目的工程管理人员接受培训，并且可以让培训过程更生动、形象。在工程项目上安装视频监控可以让总部领导及时查询工程进展情况，进而能及时地发现问题、做出决策，大大降低生产过程中的风险因素。同时，公司技术中心的各项技术创新、检测测试、实验分析、科研技术管理、设备管理等工作均已逐步实现了电脑化联网管理。

企业通过信息化建设，创造出一个集成的办公环境，提高了办公效率，使管理更加规范化、现代化，实现轻松管理，并能充分利用现有资源来有效提升企业的无形资产，带动企业迅速发展。

3.4.4　未来规划

企业坚持以市场发展需求为导向，以创效为中心，以安全质量为前提，以提高企业竞争能力为目的制定发展规划。根据企业发展的中长期战略，以价值链管理为导向，深入推进以数字化转型升级为前提的基础设施建设一体化战略，公司制定了未来 5 年和 10 年的两阶段技术创新发展战略。

进一步开拓与省内外相关的大专院校、科研团体以及同行业的产学研合作，充分利用公司外部的科技力量和资源，在绿色装配式建筑新技术新产品研发、建筑新材料应用以及 BIM 技术的广泛深度应用等方面，不断进行技术创新，提高企业的整体技术研发水平。

技术创新工作坚持以市场需求为导向的准则，深刻分析政策导向和政策环境，充分发掘市场需求，统筹规划，合理安排。既要着力解决目前生产经营中的重点难点问题，又要着眼未来，投入一定的人力、物力、财力对国家、省部级科研课题和技术标准进行参与研究。结合施工生产中的重难点工程，建立一批具有自主知识产权的核心品牌和产品，在国内或省内同行业中居领先地位。

企业未来规划重点在现代化信息管理网络方面进行创新，建立企业级和项目级管理平台，完善企业协同办公系统、人力资源管理系统、企业 BIM 资源管理中心，逐步完善项目企业一体化的信息化管理体系；运用一系列工程管理应用软件，包括办公信息系统、招投标系统、材料信息平台、劳务管理系统、报表系统、企业微信、内外网站和信息发布系统等。

　　企业将和有关计算机软件开发单位合作，共同开发适应本企业特点的信息化系统，建立和完善网络平台和应用体系。建立企业数据库，实现对全公司人力资源、经营数据的集中管理，信息共享；信息化应用系统的建设采用数字项目管理平台及企业 BI 等数字信息管理系统，提升对全公司工程项目的综合管理水平，快速实现企业技术创新和数字化转型的高质量发展。

3.5　中交第一航务工程局有限公司数字化转型应用情况调研

调研对象名单

潘　伟：中交第一航务工程局有限公司副总经理、总工程师

冯海暴：中交第一航务工程局有限公司数字化管理部总经理

马宗豪：中交第一航务工程局有限公司数字化管理部副总经理

李　冰：中交第一航务工程局有限公司数字化管理部一级主管

刘学春：中交第一航务工程局有限公司数字化管理部一级主管

3.5.1　企业基本情况

　　中交第一航务工程局有限公司（以下简称"一航局"）是世界 500 强企业——中国交通建设股份有限公司控股子公司，创建于 1945 年，是我国规模最大的航务工程施工企业，是以港口工程施工为主，多元经营、跨行业、跨地区的国有大型骨干施工企业。一航局目前拥有 3 项工程总承包特级资质、18 项工程总承包一级资质和 18 项专业承包一级资质。经营领域包括基础设施投资、港口航道、跨海通道、远海深海、船坞船台和高速公路、桥梁、机场、轨道交通、大型成套设备安装、工业民用建筑、市政工程、房地产开发以及各类大中型建设项目。

　　一航局拥有长期在岗员工约 12000 人，重点业务板块为水工、路桥、市政、房建、水环境、海外、投资板块，各业务板块从业人员 9000 余人，比例分别为水工 25.8%、路桥 25.8%、市政 16.5%、房建 9.3%、水环境 5.7%、海外 11.8%、投资 5.1%。一航局下设 25 个子公司、34 个分公司、事业部、1 个教育培训中心、1 个财务共享中心，实行由公司总部统筹管控，建体系、定标准，抓好考核、指导、监督和服务，子公司主导生产，担负履约主体责任，发挥资源配置优势的两级总部统筹、三级组织联动的管理模式。

3.5.2　经营目标及数字化规划

《中交第一航务工程局有限公司"十四五"数字化发展规划》要求数字化发展以管理数字化、产业数字化、数字产业化为核心，遵循"夯基础、稳发展、创一流、造生态"四步走发展路径，在数字化发展上遵循"四个一"＋"五个专业融合创新"为核心架构的数字化转型，贯彻"统一规划、统一架构、统一标准、统一数据、统筹建设、统筹运维"的"六统一"原则，逐步构建业务横向到边、管理纵向到底的数字化运行模式，加速推进办公全面线上化、业财融合数据化、生产可数可视、数字技术减人、机械化替人，努力推进数字产业化发展。"十四五"末期实现支撑打造集团二级公司数字化一流企业、支撑"双千亿"一航局和重返集团基建板块第一梯队、支撑沉管隧道产业链集成发展、支撑数智化专业深度融合协同发展的四大目标。

到 2025 年底，初步实现业务全面线上运行的基础上，逐步打造"产品化"信息化和数智化系统，将产品向市场化推进，从"产业数字化"向"数字产业化"探索发展，借用"数字产业化"布局吸取外部的经验和智慧，逐步补齐企业信息化和数智化产品的短板，利用"产业数字化"的外部智慧赋能企业信息化和数智化水平的提升和发展。

3.5.3　数字化建设重点

2023 年数字化工作重点落实一航局年度工作会和"高质量发展深化年"活动的要求，紧紧围绕公司发展目标和中心工作，坚持以深化业务为中心、数字化与业务深度融合的发展理念，全面布局加快沉管隧道产业链、智慧港航、智慧房建、智慧公路、智慧市政、智慧轨道交通六大业务领域数字化技术的推广应用，逐步构建业务横向到边、管理纵向到底的数字化运行模式。围绕管理数字化、产业数字化、数字产业化三条主线，推进数字化与生产经营管理全面融合，转变固化思维，勇于创新实践。筑牢网络安全基础，加速推进办公全面线上化、业财融合数据化、项目管理数字化、安全巡检远程化、数字技术减人、机械化替人，推进特色领域数字产业化发展，加速公司数字化转型升级。

数字化应用重点：一是开展数字建造推广应用，加速产业数字化发展。重点开展数字建造平台的全面推广应用，完善通用版功能的基础上，开展水运工程、线性工程、房建工程等专业板块的研发、推广及应用，实现与 BIM、AIOT 平台的对接，丰富平台功能。目前数字建造平台已在 35 个项目中开展试点应用。二是健全数字化研发和建设的管理。推进财务云业财协同系统深度应用，打通与集团统建业务系统及数据库的数据，让生产数据、业务数据与财务数据相互贯通，实现"一数一源、一源多用"。加快推进自建系统研发与应用，开展主要自建系统与总体控制平台集成研发、迭代升级和自主可控国产化替代工作，逐步实现"一网通办"。三是推进特色领域数字产业化发展。根据各子公司的发展特色优势，打造在机电安装及码头数字化运维、跨海通道全寿命期数智化建设与运维、智慧场站、智慧港航等领域的数字化产品，构建核心数据库，助推建设公司级数字化产品特色产业，为智慧交通数字化施工与运维产业化做好储备和市场开拓。

数字化组织结构：一航局数字化管理部定员 9 人，基于数智化专业融合创新平台，强化了"数字化＋"复合型人才培养能力，形成"创新总平台＋基层创新分平台＋青年平台"相结合的人才培养方式。数智化专业融合创新平台培育数字化学员，总平台共计培养 87 名学员，创新分平台共计培养 101 名学员，总计培养 188 名数字化创新学员。目前全公司从事数字化方面工作的人员达到 300 人以上。公司成立专项工作推进组织，在一航局网络安全与信息化工作领导小组的统一管理下，成立产业数字化领导小组、数据治理技术委员会及数字化自主可控专项工作领导小组，完善适应性组织建设，健全公司数字化组织体系。

数字化投入情况：目前，一航局年度数字化费用投入占营业收入的比例约为 0.8‰。公司计划持续加大数字化基础设施、网络安全、数字化建造、智慧工地等业务研发和建设费用，力争在"十四五"末期达到集团标准，年度数字化费用投入占到营业收入的 2.5‰左右。

3.5.4 数字化应用情况

公司以加快产业数字化发展、管理数字化发展、数字产业化发展、网络安全一体化建设为核心，推进企业数字化建设工作。

产业数字化方面：目前数字建造平台已在 35 个项目开展试点应用，持续推进数字建造平台功能及平台市政板块的研发、推广及应用，已基本完成"年内项目推广应用不少于 40 个"和项目数字建造软件"少投入或零投入"的目标，赋能项目进一步提升效率、降低成本。开展重点项目数字化技术应用策划支撑工作。对平陆运河、伦桂路沉管隧道、狮子洋通道、深圳沙河水厂、海河柳林、重庆凤凰水库等重点项目开展数字化技术策划评审和专项帮扶，积极帮助项目与业主开展数字化对接，最大化降低智慧工地软硬件采购成本，累计梳理问题点 40 余项，帮助项目解决数字化技术开展难题，助推项目高质量履约与创效。发布 2023 年度智慧工地标杆培育项目，遴选出 8 个智慧工地标杆培育项目，培育打造各领域工程智慧工地样板示范，涉及专业领域包括线性工程、水利工程、房建工程、市政工程。全面推进"数字化技术应用清单"的推广应用。通过季度反馈、年度检查等手段强化过程管控，对清单进行年度动态调整，新增 2 项评价高、效益显著的数字化新技术。

管理数字化方面：全面推进业财一体化平台与集团统建系统协同应用。完成了与集团市场经营管理系统、黑名单系统、装备资源管理系统、科学技术管理平台、供应链管理系统等 16 个接口的开发对接，形成数据贯通。推进自建系统创新研发应用。基于移动、PC 平台，打造"用户可全层级覆盖、业务可跨组织协同、内容可全场景汇聚"的"一网通办"平台。以门户为连接载体，各系统协同集成，打破集团业务和组织边界，共同为集团的企业及项目提供一体化成套系统平台及专业化服务，满足内部管理、外部监管的需要，实现了纵向、横向、内外三个穿透。完成总体控制平台的研发及上线以及交建通App"一网通办"部署，实现了各业务系统间的统一待办、统一消息提醒、统一应用，实现了一人一界面的智能管理。结合公司数字化转型业务特点和价值导向，开发数字化考核系统的升级改造，拓展完善考核范围和功能。持续优化错时线上会议、智库平台等系统功能。推进数字化与业务全面融合、业务横向协同应用。协同成本部，开发基于大数据的成本预测系统，为成本测算的高效性和准确性奠定基础。联合科学技术部优化技术管理平台的方案审批、签章功能，实现与集团技术管理平台和电子印章系统的数据贯通，目前已全面上线应用，实现总部、子公司、项目部三层级数据穿透，完成施工组织设计及方案审批管理全面线上化。联合安全环保监督部和科学技术部完成安全、质量远程巡检平台功能模块的研发，能够提高公司远程安全、质量检查的效率，降低检查成本。协同科学技术部开展数字建造平台与 BIM 轻量化引擎的集成应用，能够实现 BIM 在项目智能建造领域的价值提升。目前，已完成安全、质量管理接口开发以及 BIM 轻量化引擎的平台部署工作。

数据治理建设方面：持续完善数据治理体系，完成《数据治理工作专项规划》编制的调研工作，搭建数据中台系统，协同业务数据管理部门共同制定完成系列主数据管理细则，明确主数据管理流程及权责。开展公司自建系统数据目录的梳理工作，加强数据标准化、规范化管理，对数据的流向及标准化做梳理，现已完成技术管理平台、电子施工日志、业财协同平台等 11 个系统的数据结构及数据表信息的梳理工作，形成数据目录集。持续开展数据治理专项工作，根据集团下发的各类数据标准、体系文件和治理专项数据要求，配合法律风控部完成 12 轮合同主数据质量提升工作，1.1 万份合同的数据重复、无效及有误等情况得到有效改善；根据集团对项目主数据完善的整体要求，配合工管中心对项目信息中需补录的清单进行了甄别，完成共计 7400 余条项目数据的治理；配合战略部完成生产经营项目 5282 条映射关系数据治理；配合海外部进行海外项目数据治理。提升数据质量，落实数据治理制度、标准，强化"一数一源，一源多用"。

数字化基础设施建设保障工作方面：升级改造完成公司数据灾备中心建设，完成厦门数据备份中心建设，实现主数据中心数据的异地备份，增强了公司核心数据的安全可靠性。完成信创云环境的搭建。升级超融合私有云平台资源，更好适应公司新建系统及全量新增数据的存储与应用，新增加超融合一体机、BIM 轻量化模型转换专用服务器等。

数字化应用成果：公司获得中国航海协会科技进步奖、数字化专利百余项、软件著作权 101 项，制定企业标准 21 项，发表数字化论文 32 篇。公司数字化转型成果获得 2023 年中施企协第十七届信息化发展大会优秀企业管理案例；大连湾海底隧道、钦州港智慧沉箱预制工厂作为优秀成果在会上展出，进一步提升了公司的品牌和形象。公司获得"2022 年度 CIO 信赖品牌""腾讯云智慧建筑与不动产卓越伙伴"等荣誉称号 4 项；公司研发的"数字建造平台"获得 2022 算力云服务领航者计划优秀案例；公司的"大数据分析管控平台""业财一体化平台""沉箱重力式码头数字建造成套技术""技术支持管理平台建设与应用"获得中国建筑业协会第八届企业信息化建设案例。

数字化存在的问题：第一，全员的数字化认识不足，要加强各项业务与数字化的深度融合，强化对集团、公司建设的数字建造平台等业务系统的推广应用，同时提升部分单位和员工的网络安全意识；第二，公司上下在战略层面上已充分认识到数字化转型的重要性和紧迫性，但在数据治理、技术创新、业务融合发展、全生命期全产业链业务数据贯通、工程项目现场管理要素集成互联等方面还存在诸多不足；第三，各子公司存在发展不均衡、两极差异较大等问题，部分单位机构不全、专人不足。结合各公司的特色业务，如何推进数字化协同发展、新设实体公司数字化差异化发展，是各公司需要重点考虑的问题；第四，部分单位的数字化从业人员规模与集团要求的数字化从业人员占 5% 的目标相比严重不足，没有配备配齐数字化专职部门、专职人员，难以支撑各单位数字化日常管理；第五，个别单位存在数字化乱投入、低效产出的问题，与集团提出的"十四五"末期数字化投入占营业收入 2.5‰的要求相差甚远，各单位要有针对性、有规划地开展数字化投入。

3.5.5 企业数字化建议

对于行业协会：能针对建筑企业的数字化专项，定期提供数字化转型成功案例进行资源分享。随着理论研究成果的循环迭代优化，建议面向行业级场景，能形成可复用的顶层设计资产，在交通运输、建筑工程、生产制造、能源资源、金融服务等行业能形成可复用的数字化解决方案。

对于上下游及同行业伙伴：能共同构建数字化转型生态圈，秉持开放融合的原则，积极联合数字科技企业与产业链上下游企业，多方协同构建数字生态共同体。建立市场化服务与公共服务双轮驱动，技术、资本、人才、数据等多要素支撑的数字化转型服务生态。

3.6　新疆生产建设兵团建设工程（集团）有限责任公司数字化转型应用情况调研

调研对象名单

丁建昕：新疆生产建设兵团建设工程（集团）有限责任公司副总经济师

陈　蔚：新疆生产建设兵团建设工程（集团）有限责任公司经营部主管

张湘玉：新疆生产建设兵团建设工程（集团）有限责任公司集采中心主管

3.6.1　企业基本情况

新疆生产建设兵团建设工程（集团）有限责任公司（以下简称"兵团建工集团"）注册资本 20.18 亿元，是兵团最大的国有控股建筑企业集团、兵团企业"走出去"的排头兵和主力军，也是新疆最大的集"投、融、建、营"为一体的综合性建设投资集团。兵团建工集团拥有职工 9000 余人，二级公司 10 家（含上市公司北新路桥集团）。兵团建工集团以建设施工为主业（包括房屋建筑、公路、铁路、水利水电、市政五大板块），围绕主业不断拓展，形成了以二产为主、三产为辅的产业布局。兵团建工集团坚持"巩固疆内，拓展疆外，开发海外"的市场战略，工程项目遍布全国 21 个省市及海外 18 个国家，形成了疆内、疆外、海外三足鼎立的市场格局。

3.6.2　企业数字化规划

兵团建工集团 2021 年正式开启了数字化转型升级，确定数字化转型工作目标，通过数字化管理提升优化集团战略、强化集团管控、调整组织职能、完善相关制度与流程，实现全集团管控一体化、业务协同运作，支撑集团业务运营、提升集团管理能力，打造具有集团特色的管理模式，适应企业未来发展的管理需求。对标企业数字化转型工作目标，结合集团的经营管理现状和自身竞争环境，查找企业数字化转型工作发展痛点，为"财务管理系统＋项目管理系统＋招标采购平台＋P（platform，指任一数字化平台）"系统提供工作基础，在全集团树立集中采购意识、项目管理意识、业财一体化意识、大数据管理意识，探索以效益为导向的数字化转型业务新模式和新业态。

3.6.3　数字化建设重点

以"数据集中"为目标，实现集团数据统一管理。在集团总部建立全集团的数据中心，对集团经营数据进行统一管理。对集团下属企业基础数据、业务数据进行优化与规范。在加强管理体系与业务标准化方面，通过战略、业务、信息三方协同机制深化，完善管理与业务标准化、精细化水平，打破横向沟通不畅的"部门墙"、纵向传导衰减的"隔热层"，把业务标准体系和流程体系在数字化系统中固化，实现用流程管事，用制度管人。

以"管理集中"为目标，支撑集团管理的变革。通过管理提升建立与集团战略相匹配的管理模式，强化集团管控，实现集团对下属企业的管控，发挥集团的整体优势，实现规模效益和协同效应，降低风险，提升下属企业整体的运营效率。在数据集中基础上，按业务板块进行数据整理与分析，完善并优化对应的集团管控体系，按业务板块进行系统调整与优化。在对数据统一管理的基础上，逐步实现对业务流程、类别、执行过程的控制，从而真正实现集团管控。

以"决策集中"为目标，实现决策的科学、高效、有效执行。集团总部及下属企业对业务与管理的调整决策统一在系统中进行，并通过系统进行有效的跟踪与监控。

3.6.4　数字化应用情况

以"两个坚持"健全"财务管理系统＋项目管理系统＋招标采购平台＋P"组织体系。一是坚持完善体制。构建了由国有企业数字化转型工作领导小组统一领导数字化转型工作的体制，进一步增强上下的协调和互动，确保"财务管理系统＋项目管理系统＋招标采购平台＋P"数字化转型工作落实到位。二是坚持靠实责任。将"财务管理系统＋项目管理系统＋招标采购平台＋P"数字化转型工作纳入集团年度工作考核指标，有针对性、目标性地推动数字化转型工作落实。

以"三个作用"提高"财务管理系统＋项目管理系统＋招标采购平台＋P"数字化转型工作的责任意识。一是发挥组织专班引领作用。组建"数字＋项目管理""数字＋财务管理""数字＋经营管理""数字＋战略管理""数字＋行政办公""数字＋人力资源""数字＋党群""数字＋投资业务"八个数字化工作专班，确定数字化转型工作牵头领导与牵头部门。二是发挥试点项目先行作用。兵团建工集团积极推动"财务管理系统＋项目管理系统＋招标采购平台＋P"试点项目，组织集团相关部门与软件公司进行调研，认真梳理调研提纲，根据本企业的流程和运行方式建立带有兵团建工集团特色的数字化转型之路。通过试点试驾和调研工作，深化员工对数字化管理的认识，树立标准化思维，建立合规性理念，明确制度建设方向，引进先进理念。三是发挥业务协同培训作用。加强基层项目人员数字化转型意识的教育管理，针对数字化转型工作组织数字化专项培训，通过业务数字化、业务集成融合、业务模式创新和数字业务培训等方式拓宽企业相关工作人员业务创新转型视角。

以"四个维度"构建"财务管理系统＋项目管理系统＋招标采购平台＋P"数字化转型工作格局。一是找准切入"点"。以业财一体化建设为切入点，借鉴集采平台推进的经验，积极准备业财一体化平台的培训运行，加强项目管理系统的应用，探索实现预算软件、集采平台数据库与项目管理软件数据和业财一体化软件的互联互通，通过对采购数据进行多角度深入挖掘，提供高效、准确的智能分析手段。二是锁定中心"线"。坚守"借鉴—思考—论证—迭代—落地"的过程中心线条，探索实践统一、规范的"财务管理系统＋项目管理系统＋招标采购平台＋P"管理体系，为数字化转型工作奠定坚实的基础；为企业战略决策提供数据智能分析，优化经营成本分析，积极推进数字技术与建造全业务链融合；切实把"财务管理系统＋项目管理系统＋招标采购平台＋P"渗透到经营、技术、质量、管理的全过程。三是对标先进"面"。学习借鉴先进企业的数字化建设成熟经验。四是打造特色"体"。按照"可承载、善推动、能落实"的原则，借鉴集采平台顺利运行的经验，以"财务管理系统＋项目管理系统＋招标采购平台＋P"建设为契机，探索全集团的业财一体化管控、业务协同运作。

当前，各业务平台数据互联互通和数字化专业人才缺乏是企业数字化建设与发展需要解决的问题。

3.6.5　企业数字化建议

对于行业协会：建议多开展培训及调研活动，加大建筑企业的交流学习力度，实现资源共享。

对于业主方：建议加强业主方与建筑企业在建筑信息化方面的交流合作。

对于软件商：建议提高软件升级优化力度，根据不同企业制定特色方案，为企业数字化转型做好咨询服务等相关工作。

对于同行：建议建立良好的战略合作关系，实现合作共赢。

3.7　甘肃省建设投资（控股）集团有限公司数字化转型应用情况调研

调研对象名单
胡继河：甘肃省建设投资（控股）集团有限公司副总经理
潘存瑞：甘肃省建设投资（控股）集团有限公司科技创新部部长
李生银：甘肃省建设投资（控股）集团有限公司应急安全（公司管理）部部长
李松洋：甘肃省建设投资（控股）集团有限公司应急安全（公司管理）部一级主管
刘　亮：甘肃省建设投资（控股）集团有限公司科技创新部
王润泽：甘肃省建设投资（控股）集团有限公司科技创新部

3.7.1　企业基本情况

甘肃省建设投资（控股）集团有限公司（以下简称"甘肃建投"）拥有 4 家房屋建筑施工总承包特级资质企业，拥有建筑、市政、公路等施工总承包一级资质 33 项，拥有对外经营权、进出口经营权。经营业务包括投融资、建安、房地产、海外业务、工业装备制造、科技创新、现代服务业七大业务板块，涉及建筑全产业链的上下游。近几年经营收入连续保持 8%～10%的增长速度，2022 年完成投资 133.41 亿元，完成经济总量 1194.42 亿元，实现订单 1496.57 亿元。

甘肃建投所属全资控股子（分）公司 50 余家，职工 25000 余人，其中各类专业技术人员 12000 余人，集团总部 120 人，出资企业、事业部机关 3300 余人，设计咨询集团 330 人，项目部 15000 余人。集团公司现设 10 部 2 室，另有区域经济事业部、金融事业部、融媒体中心等 3 个事业部。管理层级自上而下分别为集团公司、出资企业和事业部、分（子）公司、项目部四级管理模式，集团公司以资本为纽带、以产权为基础依法自主开展国有资本运作，负责制定企业战略规划和目标，为企业发展把方向、管大局；监管各出资企业和事业部围绕主责主业依法独立开展生产经营活动。

3.7.2　经营目标及数字化规划

到 2025 年末，在现有发展基础上"再造一个甘肃建投"，实现"三增一稳"发展目标：集团经济总量倍增、利润总额倍增、投资总额倍增、职工收入稳步增长。确保集团国有资产保值增值，确保集团中国企业 500 强地位稳步提升，投资业务稳健发展，投资效益和资产质量不断提升，实业业务结构日趋合理，价值创造能力和核心竞争力不断增强。集团公司工程建设、房地产等传统优势业务实现营业收入不低于 1000 亿元，利润率达到全国平均水平，力争赶超先进水平；工业、科技产业、现代服务业等培育业务及投资培育的新产业实现营业收入不低于 300 亿元，利润率达到同行业平均水平，力争赶超先进水平。集团公司产业结构得到优化，实现转型升级。

到 2025 年末，集团公司信息化建设（数字化转型）水平达到省内一流、行业先进。该目标分三个阶段完成：2023 年夯实信息化基础，布局数字建投；2024 年数据驱动业务，数字建投初见成效；2025 年及以后数据赋能生态，数字建投一体化平台形成。

3.7.3 数字化建设重点

目前，规划初步建成支持集团公司各职能部室主要业务发展、先进实用的一体化综合管控信息平台，同时完成 IT 基础设施（云资源的搭建）、中台层（业务中台、数据中台等）以及数据治理体系的建设，布局数字建投。

近年来，集团公司及出资企业先后引进了财务、人力、档案、办公、BIM、智慧工地等信息化业务系统。但各业务线间数据源缺乏共享机制，跨业务数据壁垒问题严重；基础数据存在多头收集、重复录入的问题，基础数据尚未定义统一标准、口径、责任人，同时，存在人为调整数据的情况，造成数据质量不高；信息化促进企业发展的价值未能很好地体现，集团公司数字化建设仍有较大提升空间，总体水平与行业一流企业及集团公司"十四五"期间打造"数字建投"的目标存在较大差距。问题主要体现在六个方面：认识和意识不足、整体规划不足、资源投入不足、缺乏统一的技术标准、业务标准化程度不高、数据壁垒问题突出。

数字化应用重点： 现阶段数字化应用重点在于如何完成一体化综合管控信息平台集团公司核心业务功能全覆盖，实现集团公司、出资企业、分子公司、项目部的核心业务系统数据互联互通；最终通过数据资产的融合驱动全业务协同发展，实现集团公司内信息联动、基础数据库共享，为集团公司高质量发展数字赋能。

数字化组织结构： 集团公司成立了由董事长为组长的领导小组，由副总（主管安全生产、科技创新、数字化转型）为组长的实施小组。由科技创新部牵头集团数字化转型工作，部门共 6 人，主要职能为负责制定集团公司信息化建设（数字化转型）规划、实施方案、年度计划，并组织对计划进行实施和验收；负责集团公司信息化建设（数字化转型）工作所涉及的项目的预算编制、招标工作；负责集团公司信息化建设（数字化转型）成果的推广，指导出资企业按照集团公司总体规划开展相关工作；负责集团公司各信息系统的运行、维护和管理及业务推广，以及用户的指导、培训及技术支持；与各个业务部门协调配合，参与制定公司各类管理制度和业务流程，优化流程保证其能在信息管理平台中实施；负责编制信息系统的使用手册和培训教材，不定期组织培训，提高用户操作能力。

数字化投入情况：按照集团公司《企业信息化建设（数字化转型）专项规划（2023—2025 年）》及《企业信息化建设（数字化转型）专项实施方案（2023—2025 年）》的整体项目建设目标，"十四五"期间"数字化转型"计划投入约 1 亿元，2023 年建设人力、OA、项目管理、统一报表、数据中台、税务、司库、统一门户、移动端、云资源等系统；2024 年建设项目管理、统一报表、数据中台、统一门户、税务、财务、电子签章等系统；2025 年建设项目管理、统一报表、数据中台、税务、集成财务等系统。

3.7.4 数字化应用情况

数字化应用领域：应用领域有 17 个方面，分别是战略决策、组织人力、财务管理、市场开发管理、科技创新管理、应急安全管理、投融资业务、风险与合规、党建与文化、建安业务、地产业务、服务业务、新兴产业业务、装备制造业、海外业务、综合管理、信息化管理。出资企业、分子公司、项目部不同程度地应用 OA 系统、人力、财务、统一门户及移动端、数据中台、电子签章、项目管理、统一报表、BIM＋智慧工地系统等相关业务系统。

数字化系统情况：针对本次集团数字化转型项目，规划了面向集团范围的系统性建设方案。方案综合考虑了建筑行业的行业特性以及公司自身的经营管理和业务特点，结合数据治理体系建设的复杂性，是一个端到端可落地的建设方案。融入建筑行业的特点，使得整个建设方案与建筑业务特性深度融合，以业务场景为起点，以业务价值为终点，最终目标是实现公司数字化转型的战略目标与业务发展需要，而非单纯地建立体系搭建平台。

数据治理方面，支撑对于数据的规划、主数据管理、建模、集成、开发、存储、治理、共享、分析应用，结合业务应用的需求，开展标准业务与数据资源的融合应用。平台方面以集成复用为基本架构理念，采用以微服务、容器化、分布式为主要特征的面向未来的"云原生"架构模式。

数字化应用成果：企业可以利用数字化技术更好地实现企业标准化、流程化的管理，提升企业集约化经营的水平。同时，数字化的应用过程产生了大量数据，这些数据都可以被企业再利用，通过数据的结构化处理，可以总结分析企业标准、流程、机制中可提升的内容，持续优化企业综合管控水平，实现企业核心竞争力的重塑。数字化转型支持企业运营模式升级，在提高项目工程质量、安全、进度的同时，降低集团公司整体运营成本。

数字化存在的问题： 集团各层级间对于数字化建设与推广的效果不能达成充分的共识，主要原因是各层级人员所持的视角不同，自身的诉求也不尽相同，这就导致数字化工作在推进过程中得不到各层级、各岗位人员的主动配合，需更多地通过考核、激励等机制解决部分问题，这在一定程度上影响了公司推进数字化转型的整体效果。数字化转型主体在企业，数字化转型的推动在行业，但行业在强推信息化的过程中，对所管控的边界不清晰，导致行业与企业协同性不够，且建筑业企业标准化程度不高，施工作业人员的信息化水平不够，实现数字化难度较其他行业大。

3.7.5 企业数字化建议

对于行业主管部门、行业协会： 能够组织一些企业与企业间有关数字化转型方面的高质量交流活动，相互分享各自的数字化转型成果和经验，帮助企业取长补短，更好地完善企业自身的数字化建设工作。行业应发挥引导作用，站在监控、评价的角度，指导、监管、评价企业数字化转型建设。监管平台要以开放共享的形式，实现地方标准统一，为企业提供基础数据支撑、设备对接支持。加强与政府主管部门沟通，推动建立行业统一监管平台，制定统一标准，实现信息互联互享。标准制定一定要先行，否则后期数据难以打通。企业内部要统一数据标准，规范数据源头，做好多系统数据集成。建议行业主管部门要规范监管要求，出台应用评价标准，发挥数据利用价值。

对于业主方： 加大智慧建造信息化开发建设力度，明确项目数字化建设方向和投入，按照行业统一标准建设数据平台，助力数字中国建设。

对于软硬件服务商： 系统建设建议偏向于辅助决策的角度，不仅局限于数据结果呈现，更应该以数据为基础，运用系统能力提供建议，辅助决策。同时组建合作联盟，减少同质化竞争，加强系统开放性、兼容性，推动行业数字化进程。

3.8 大连三川建设集团有限公司数字化转型应用情况调研

调研对象名单

王　强：大连三川建设集团有限公司信息中心主任

葛铁柱：大连三川建设集团有限公司技术部经理

3.8.1 企业基本信息

大连三川建设集团有限公司（以下简称"三川集团"）起步于 1957 年，拥有房建、市政"双特双甲"资质以及公路、水利水电、通信、电力施工总承包、电子与智能化工程专业承包、压力管道安装与设计等 20 余项其他资质，是集项目投融资、工程咨询、技术研发、工程设计、工程总承包、建筑产业化、互联网＋数字建造、运维管理、职业培训于一体的高新技术企业，也是致力于建筑全产业链一体化综合运营与服务的绿色建筑企业集团。三川集团已经在建筑施工、新型建材、装配式建筑、BIM 及数字化管理等领域占据了有利地位，包括组建了研发团队、成立了建筑设计研究院、设立了信息中心、进行了数字化改造升级、创建了建筑产业化"产学研基地"、投资建立了大连三川建筑科技有限公司、参与和搭建了装配式建筑平台，完成了建筑业上下游的延伸以及全产业链的打造。

3.8.2 数字化应用情况

三川集团从 2008 年开始推进企业级的信息化建设，历经了 15 年的时间，依托于集团的核心业务，先后引入了多种信息系统，信息化进程主要经历了四个发展阶段。

第一阶段：21 世纪初至 2007 年的萌芽阶段。集团在这个阶段主要使用一些"岗位级工具"类的软件产品，包括 BIM 建模软件、算量造价软件、力学计算软件、钢筋翻样软件等。这些软件产品主要为具体岗位服务。

第二阶段：2008 年至 2012 年的快速成长阶段。集团积极探索信息化管理之路，主动研究信息化建设内涵，寻求信息化建设合作伙伴，大力开展信息化建设。引入的软件产品主要是"部门级的管理系统"，包括财务管理系统、人力资源系统、档案系统、印章管理系统等。这些系统主要针对某个部门和某个业务板块，通过软件技术与管理模式的融合，提高管理水平。

第三阶段：2013 年至 2020 年的优化提升阶段。集团不断优化和提升企业级管理和信息化应用水平，积极学习国内外先进的管理思想及理念。引入的软件产品主要是集团下属各公司的"公司级管理系统"，包括建筑板块的综合项目管理系统、工业板块的工厂管理系统、电力板块的电厂管理系统、服务板块的物业管理系统、商业板块的商业管理系统等。这些系统主要是通过信息化技术与公司管理体系融合，实现了一定程度上的数据贯通与集成应用。

第四阶段：2021 年至今的创新技术应用平台的构建阶段。随着近年来企业的不断发展和科学技术的不断进步，以各公司为单元的信息系统，已经逐渐满足不了集团级的业务管控需求。三川集团在原有系统的基础上，又重新对数字化规划和部署方面做了整体调整，有以下几个方面。

平台搭建方面：坚持"基础平台＋标准产品＋二次开发＋系统集成"的数字化推进模式，通过选择技术成熟的基础平台，结合专业软件的标准化产品，进行基于公共业务组件的二次开发，从而满足企业的个性化需求。同时，通过使用统一的集团级"数字化底座"，打通各个分子公司及业务部门的信息壁垒。

数据治理方面：建立"主数据平台"，统一数据标准，明确数据权限，搭建数据中台，为企业 BI 分析及决策提供及时、真实、有效的数据。

新技术应用方面：重视发展物联网、大数据和人工智能技术。将物联网作为智慧感知层，使用监控、传感器等硬件设备采集实时数据；而后，利用大数据工具进行数据清洗、存储和挖掘；最后，通过人工智能技术进行深度学习与模型建立，辅助高层决策与智能预警，从而实现企业管理的标准化、数字化、智能化。

3.8.3　数字化应用特征

三川集团数字化转型的工作目标是按照"统一规划、统一标准、统一设计、统一管理、分步实施"的基本原则，依托新一代数字化技术，打造项目级层面全生命周期精细化生产与智能化建造平台，并将业务边界延伸到项目研发、投融资、设计、生产、施工、运营全过程以及房建、市政、安装、基建、装修、新材料等全专业。

同时，在企业级层面实现业财资税一体化的数字化管理体系，通过不断创新优化"岗位级"技术工具和"部门级"系统应用，完善"企业级"集成应用和"项企一体化"管控平台，形成总部部门协同、机构上下联动、信息高效互通、知识快速积累的"全连接"系统管理模式，从而完成企业管理决策从"业务驱动"向"数据驱动"的转变。

为了实现既定的数字化建设目标，三川集团以"战略决定流程、流程决定组织、组织决定制度、制度决定信息化"为总体原则，以"标准表单化、表单流程化、流程信息化"为建设步骤，把优化后的业务流程在系统中进行了整体固化，实现了全员信息化应用、业务流程在线办理、台账报表自动生成、风险动态智能预警等，为管理层决策提供及时有效的数据支撑，提高了企业管理效率和精细化管理水平。同时，为打破各系统之间的信息孤岛，对全域系统和流程进行了整体的统筹规划，进一步为企业赋能。

数字化组织机构方面，集团数字化建设始终坚持"一把手"工程，"一把手"领导思路清晰、目标明确、态度坚定；在集团层面建立信息化领导小组，由高管组成，负责重大决策、工作部署和资源调配；在业务层面建立信息化实施小组，由信息经理和业务经理组成，负责信息化具体工作的落实。

3.8.4　数字化价值认知及存在问题

对数字化建设的价值认知：第一，数字化应用促进企业综合管理水平逐步攀升。数字化建设的前期对企业业务流程进行了整体梳理，并再造了企业部分管理流程，进一步规范了企业的业务管理过程。在数字化建设过程中，三川集团共规划流程 300 余条，绘制流程 292 条。其中，绘制集团级管理流程 114 条、建筑公司流程 92 条、其他公司流程 86 条。

数字化建设过程的一个重要环节就是制度化，三川集团不仅建立了信息系统使用开发管理制度，还围绕企业的业务管理流程，建立了一套与信息化建设相配套的规范管理制度，其中大部分制度已经下发执行，为保证信息化的顺利执行起到了关键性作用。

实现企业组织架构与组织职责的变革规范，数字化前期的主要工作就是围绕着企业组织架构和各部门业务职能调整而开展的，并建立了"总公司—分子公司—项目部"的多级管理模式，围绕着调整后的组织架构进行了流程规划。

第二，数字化应用可实现知识积累、降本增效。通过数字化平台建立并规范了一整套知识体系，包括成本核算、质量、安全、技术、档案等，特别是在企业成本管理方面，改变了过去成本计划滞后或有成本计划而不执行的情况，逐步建立了企业和项目两级核算机制，实现了"三算"对比。

提高了信息的传输效率、业务数据的查询速率、风险管控的决策效率，节省了办公时间，提高了企业人员的总体工作效率和准确率。通过信息化建设，企业建立了各种规范性的模板文件，实现了各类信息资料的沉淀、共享与再利用。

第三，高素质人才的培养。在数字化建设过程中，通过大量的培训及规范工作，进一步强化了企业项目管理团队的整体素质，推动了企业管理水平的提升。公司平均每年组织 50 余次集中性培训，专门编制了培训手册，累计参加培训人员达 1800 余人次，并形成了以集中式培训为主，岗位操作培训、点对点指导培训为辅的培训模式。

数字化存在的问题：第一，业务标准化成熟度不足。数字化建设的过程一般为：业务标准化、标准表单化、表单流程化、流程信息化。数字化的前提是有完善的组织架构、业务流程、管理制度、作业表单等。在新业态或新业务模式出现时，需首先进行业务标准化。引入 IT 技术的同时，要重视企业管理的咨询服务。第二，企业数字化文化难以养成。企业的数字化转型，首先要推动企业文化和员工思维的转变，并培养数字化人才队伍。数字化不仅是信息部门的工作，必须是"一把手"牵头，所有人员共同参与，培养数字化人才。

3.8.5　企业数字化建议

行业主管部门与行业协会应丰富数字化标准。通过发挥行业主管部门与行业协会的作用，强化工程建设行业的数据标准和规范，构建行业和企业数字化的公共基础。

行业主管部门与行业协会应提供数字化转型政策支持。行业主管部门与行业协会应向企业提供数字化转型政策支持，如对数字化转型成功企业进行招投标加分、奖项申报加分等；加大对智慧工地、智能建造类项目的扶持力度。

3.9　郑州一建集团有限公司数字化转型应用情况调研

调研对象名单

樊　琳：郑州一建集团有限公司总经理助理

余中强：郑州一建集团有限公司成本管理中心经理

张继永：郑州一建集团有限公司企业管理与发展部副经理

宋　飞：郑州一建集团有限公司企业管理与发展部信息化主管

3.9.1　企业基本情况

郑州一建集团有限公司（以下简称为"郑州一建"）是地方性民营企业，拥有房建与市政双特双甲资质。经营年收入或合同额 60 亿～100 亿元；收入构成以公共房建、基础设施建设为主。公司员工总数 2000 人左右，总部 120 人。劳务方面重点推行小班组，正在尝试培育自有工人。公司管理层级分为二级管理，集团直管项目；经营模式实行项目承包制，公司以管控为主。

3.9.2　经营目标及数字化规划

公司经营总目标 5 年内保持整体稳定，承揽项目争取重回百亿元。坚持"两条腿"走路，强化公共房建项目、基础设施项目比重。持续增强企业总承包管理能力与创新能力（数字化项目管理、企业管理及技术优势等）。

数字化顶层设计为统一规划、统一架构、统一数据、统一标准。进行业务信息化的统一规划，避免重复规划与重复投资建设。基于统一技术架构搭建系统，确保系统集成与数据共享。强化主数据建设，确保数出一源。统一业务标准、数据标准，标准化与数字化深度融合。数字化规划以自身规划为主，厂商或咨询为辅。数字化建设主要围绕"实现产品数字化、生产数字化、运营数字化、数据资源化"进行布局与调整。经过建设实现"桌面千人千面" 系统普及应用，招采管理推进集采、供应链金融深度融合；完成企业智慧工地系统的搭建与试运行，集成子系统包括自建实名制、实测实量、设备能效消耗等；完成产业园业务信息化及子分公司日常经营上报，理清楚子分公司线上管理；探索数智化管控，通过数据分析与挖掘，探索系统自动预警管理和自动审批数字化管理场景。2025 年完成与 BIM 的平台与数据集成，实现建筑产品的数字化。

3.9.3　数字化建设重点

目前建筑市场下行，各类风险凸显，需要统筹管理，很多业务问题需要深度解决，需要借助于标准化来规范业务管理，借助数字化提升管理效率。需要更便捷的工具来提升岗位效率，降低人员综合成本。

郑州一建数字化建设致力于业务真实，探索将真实业务同步还原到系统中。利用数字化系统标准化业务管理、模型化风险管控，探索招采、成本管控模型等新管理模式。致力于系统更易用及智能化场景的结合，扩大信息化在集团的覆盖范围，覆盖集团其他业务和子分公司业务。深化成本管理与管控等业务管理深度与系统应用深度，推进数据治理。

数字化应用重点：深化成本管理与管控等业务管理深度与系统应用深度。持续推进标准化、数字化企业与项目管理，强化风险管控。增强系统易用性、智能化程度。

数字化组织结构：目前，公司通过合并与优化，结合管理需要，共设置 9 个职能部门。其中数字化方面，将企业管理与信息中心合并为企发部门，统筹信息化整体规划与建设，重点从管理职责落地角度同构考评推动部门数字化业务；各业务板块的数字化由主体部门负责，企业研发部门配合。

数字化投入情况：公司信息化专职人员编制长期保留 4～7 人（现 7 人），包括运维岗、开发岗。2013 年至今，累计软硬件投入约 1300 万元，年投入软硬件成本约 130 万元。运维方面主要是人力投入，厂商运维成本较低。

3.9.4　数字化应用情况

数字化应用领域：公司围绕企业管理、项目施工组织管理搭建各类业务信息化系统，不断探索标准化业务管理与信息化工具的融合应用。核心应用领域包括如下几个。

企业在线化集约化管理：通过 OA 办公系统、人力资源管理系统、财务资金税控系统、项目管理系统、招采管理系统等实现对人、财、物、项目、信息的集中集约管理。

项目全生命周期信息化管理：构建覆盖项目前期招投标、施工过程、项目竣工结算的项目管理系统，实现对进度、成本、合约、质量、安全、劳务、技术、环境的统筹管理；通过专项工具，实现对进度、劳务实名、质量检查、安全检查、绿色施工等精细化管理。

智慧建造：积极应用云计算、大数据、物联网、移动互联技术，实现"刷脸"进出工地、安全帽自动识别、实时监测噪声扬尘、智能视频监控、塔吊实时监控、智能水电控制等，助力创建安全、高效、节能环保的施工现场环境。

BIM 技术应用：通过 BIM 开展管线综合等设计优化、施工现场布置、进度模拟、施工技术模拟、成本控制等；探索"BIM＋劳务""BIM＋无人机""BIM＋远程视频监控""BIM＋AI"等深化应用场景。

运营监控：通过远程视频监控、远程指挥调度系统，BI 决策支持系统，"桌面千人千面"系统等实现企业运营监控；通过上网行为管理、防火墙、入侵检测、网络异常监控系统等实现网络与数据安全监控。

产业协同：通过物联网、互联网技术打通供应商、企业、项目交互屏障，实现计划、招采、电子合同、订单、验收、入库、退货、结算全流程数字化。

数字化系统情况：系统建设方面，公司从 2006 年开始着手开展业务信息化，先后经历了业务协同信息化初尝试（2006～2008 年）、资质升级标准固化业务管理（2009～2012 年）、实用性系统建设与项企应用融合（2013～2020 年）、应用再提升与管理转型融合升级（2021 年至今）四个阶段，构建了覆盖企业集约管控（人力资源管理、项目管理、财务资金管理、档案管理、协同管理等）、项目精细化管理（劳务实名、质量检查、安全检查、视频监控、塔吊监管、BIM 技术等）的业务信息化，有效助力企业的发展成长。公司现有信息化系统建设模式为成品软件、成品＋定制功能开发、自主开发等形式，确保满足企业实际需要。

用核心业务系统覆盖企业集约管理、项目精细化管理、供方协同、网络与数据安全监控等，包括 OA 协同办公系统、项目管理系统、人力资源系统、财务系统、资金系统、税控系统、档案管理系统、招采管理系统、供方协同系统、主数据管理系统、劳务实名管理系统、质量检查系统、安全检查系统、绿色施工管理系统、安全视频监控系统、扬尘环境治理系统、BI 决策支持系统、远程指挥调度系统、网络异常监控系统等。主要在建信息化系统包括组织绩效管理系统、项目全面风险管理系统、企业股权管理系统、统一门户系统、智慧工地系统等。

数字治理方面，2022 年构建企业主数据系统，梳理建设企业的主数据管理体系，确保数出一源。围绕企业核心业务痛点难点，将系统的易用好用及效率效果提升作为考核信息化应用的重点标准，进行了围绕数据真实性治理、材料验收便捷性、主题门户等的一系列工作。通过主数据，构建系统交互标准，实现内部系统的互联互通，搭建供方协同平台，实现与供方的协同交互，并积极引进和集成第三方共同平台。公司部分业务系统使用公有云产品，公司自建系统使用微服务方式构建，能够做到自动空间隔离，目前也向子分公司、外部供方提供公有云业务管理服务。

数字化应用成果：实现了企业内部各业务的互联互通，基本满足了企业内部业务监管的需要；同时，实现了内部与产业链的协同。通过自主开发方式，公司已取得软件著作权 4 项；立项郑州市城建科技项目 2 项，顺利通过了成果验收，并荣获河南省建设厅科技进步奖 2 项。公司信息化建设案例与应用，多次获中建协、中施企协、河南省建协等优秀案例荣誉。

数字化存在的问题：企业缺乏信息化复合型人才；软件应用技术不断迭代更新，系统无缝更新难；行业人员整体素质不高，应用推广难。

3.9.5　企业数字化建议

建议加强行业优秀企业案例的参观学习；建议推进行业内企业管理软件、监管主管部门系统的开放与集成标准的统一，减少企业集成成本投入；建议推进建筑施工数据的融合传递，BIM 技术的贯通应用等。

3.10　河南省建设集团有限公司数字化转型应用情况调研

调研对象名单

朱利军：河南省建设集团有限公司副总经理

梁　艳：河南省建设集团有限公司工程管理部总监

常欢欢：河南省建设集团有限公司科技创新部总监

徐　菊：河南省建设集团有限公司企业管理部总监

刘永帅：河南省建设集团有限公司财务部副总监

郭跃栋：河南省建设集团有限公司信息化主管

朱仁鲜：河南省建设集团有限公司企业管理部主管

3.10.1 企业基本情况

河南省建设集团有限公司隶属于河南中豫建设投资集团股份有限公司，前身是 1953 年成立的河南省人民政府建筑工程局，2008 年改制为河南省建设集团有限公司，属于国企类别。公司拥有房屋建筑工程、市政公用工程施工总承包一级资质，公路工程施工、水利水电工程、电力工程施工总承包二级资质，地基与基础工程、防水防腐保温工程、建筑机电安装专业承包一级资质，钢结构工程、建筑装修装饰专业承包二级及特种工程等资质。截至 2023 年 9 月末，公司年中标合同额 49.83 亿元，年产值 27.24 亿元。

公司现有职工 580 余人，本科及以上学历 445 人，拥有各类专业技术人员 394 名。其中，总部职工 117 人，项目管理公司本部职工 89 人，项目部职工 375 人。公司现阶段采用"集团—项目管理公司—项目部"三级管理模式。集团公司成立项目管理委员会，是项目管理的最高决策机构，负责制定项目管理目标，确定项目的管理模式、组织形式以及生产要素配置方案，解决项目管理中出现的重大问题。项目管理公司是项目管理的主体。集团公司对项目管理公司下放人、财、物的使用管理权，每年年初与项目管理公司签订经营业绩责任书，包括新签合同额、产值收入、利润、资金回收率、安全质量等指标，年终进行考核兑现。项目管理公司负责集团公司各项管理制度在其所辖项目部的落实执行，对所辖项目部的各项项目管理工作（工程承揽、施工管理、成本控制、竣工决算、工程款回收等）进行监督、管理、指导和协助。项目部是为履行项目合同而临时组建的一次性组织，自项目的启动成立，至项目的结束而解散。项目部实行项目经理负责制，在项目经理领导下，对工程项目实施的全过程进行管理和控制，承担项目实施的管理任务和目标实现的全面责任，并接受项目管理公司的指导、监督、检查和考核。

3.10.2 经营目标及数字化规划

计划到 2025 年底，公司实现资产总额 150 亿元；年签约合同额 300 亿元；实现营业收入 100 亿元，其中房地产占比 20%、工业建筑占比 20%、市政工程占比 20%、公路工程占比 10%、新能源占比 10%、乡村建设占比 10%、装配式建筑占比 10%。充分利用集团多年的经验积累以及大型工程所带来的品牌优势，积极拓展国内市场，立足于房建施工总承包项目，积极发展 EPC 项目，扩大公司业务范围和市场领域。

依托企业信息化，加快完善企业成本管理和项目标准化管理的体系，实现全生产要素和业财资税的全业务线打通，为公司的规模化发展奠定坚实的基础。集团制定信息化发展规划，将人工智能与 BIM 结合应用，深化应用综合业务系统，加强信息安全，着重数据分析及应用，利用大数据、物联网、互联网、人工智能等信息技术，加强对工程项目质量、安全、进度、成本等全要素的信息化管控，实施项目管理信息化、可视化、实时管控的远程监控管理体系，助力集团高质量转型发展。

数字化规划建设期 3 年（配合集团"十四五"规划），所涉及的管理系统和信息化建设工作总共有 12 项任务（含系统集成）。施工项目管理系统（深化应用）：用于提高项目成本、质量、安全管理水平，实现降本增效，由多个子系统构成。集团采购交易平台（云筑集成）：与中豫集团的云筑平台集成，统一材料编码、材料字典和供应商。企业 BI（深化应用）：用于满足各级领导层信息化决策，重新调研并进行指标配置。智慧工地系统（试点推广）：用于管理项目现场，包括生产进度、质量、安全、技术等。项目数据决策支持系统（新建）：用于查看项目现场的各项指标，包括进度情况、成本情况、质量情况等。综合策划系统（新建）：通过多方案在技术、成本、工期等多维度的比选，找到系统性最优的策划方案。法务管理系统（新建）：提高案件管理内部协同效率，降低因内部管理导致的法律风险。档案管理系统（新建）：未来实现档案的电子化后，集中管理公司档案。数字工会系统（新建）：利用信息化技术，提升工会管理效率。纪检管理系统（新建）：满足纪检管理的需求，提升企业纪检工作效率。智慧党建系统（新建）：利用信息化技术，提升党组织管理效率。系统集成开发：将各个独立系统联结在一起，提高部门之间的协作效率，避免产生信息孤岛。

3.10.3 数字化建设重点

公司抓住建筑行业发展的机遇，各方面都获得了长足发展。但是随着国家经济增长放缓、房地产行业进入下行期，本地市场"僧多粥少"、企业竞争加剧，为了获得工程项目，企业让利幅度越来越大，严重影响公司的发展。市场环境恶化既是风险又是机会，谁能在这波市场的低谷活下来，谁就能够获得进一步发展的机会，成为行业的中流砥柱。

数字化应用重点：公司希望通过信息化，加快项目成本管理的规范化和标准化，以提升项目成本的管控水平，为公司的进一步发展奠定坚实的基础。完善公司成本管理组织体系，完善公司和项目部的职责、流程、标准。目前存在一人多岗的情况，比如公司预算人员稀缺，通过组织制度让预算人员完成更多项目工作。加快完善企业目标成本管控制度，针对市场经营阶段、项目施工阶段，建立相应的成本管控和考核制度，发挥员工的积极性。优化企业采购管理体系，发挥企业集中采购优势，提高采购工作效率，降低物资采购成本。优化财务管理体系，发挥财务过程监督作用，并为公司管理层决策提供更为准确的数据。完善企业资产管理体系，提高企业资产的周转使用率，发挥资产更大的效益。

数字化组织结构：公司计划成立独立的信息化部门，或者在科技创新部下设信息化部门，按照专业系统设置不同的管理员，也考虑以二级公司借调的方式设置管理员。建立分级管理体系，明确集团总部、分公司、项目部等各级组织层级的信息化负责人，将系统应用纳入信息化负责人绩效考核当中。建立高效的沟通机制和问题处理机制，及时响应、处理系统应用中的问题和用户的新需求。

数字化投入情况：截至目前，信息化转型工作累计投入 7139934.3 元，其中：人员成本 2023260 元，软件成本 3241800 元，硬件成本 1874874.3 元；2023 年当期投入 5077334.3 元，其中：人员成本 1301260 元，软件成本 1901200 元，硬件成本 1874874.3 元。运维成本预计 280000 元。

近年数字化投入方面的主要变化，是从企业数字化管理到项目数字化管理的转变。企业层级的管理数字化需要以项目层信息化数据作支撑，因此，为了进一步提升企业数字化管理程度，加强项目数字化管理是必由之路。从单一的经济线成本管理逐步扩展到全面的管理。经济线成本管理从来不是独立运转的管理体系，它与非经济线生产经营活动息息相关。要管好经济成本，必须把控好项目管理生产经营活动的细节，因此施工企业管理业务的全面数字化是摆在公司面前的重点工作。公司投入变化的原因在于要先从企业管理入手，逐步适应后，加上项目日益增加，产值越来越高，需要延伸到项目部，做精益管理。

3.10.4　数字化应用情况

数字化应用领域：目前项目管理系统的投标管理、项目信息、合同管理、资金管理、增值税管理、物资管理、机械设备管理、劳务分包管理、专业分包管理、成本管理、生产及工期管理、技术管理、质量管理 13 个业务模块已投入使用。其中，经济线模块基本都已实现应用，非经济线模块使用较少，只是用于方案的审批。部分模块未通过系统进行表单打印，资金没有进行以收定支的系统管控。目前项目现场的进度管理、技术管理、质量管理、安全管理都已经纳入数字化系统，但是只进行了方案审批；生产及工期管理模块只是上传一些影像资料；其他业务暂未在系统中使用。项目部层级的智慧工地、劳务管理、物料管理模块均已经选择了试点项目进行应用，尚未进行全部推广。

数字化系统情况：数字化系统已上线应用了企业决策支持系统、项目管理系统、智慧工地（试点）系统、物料（试点）系统、劳务（试点）系统、OA 系统、集采系统、人力系统等。IT 管理体系方面，集团层级管理人员不多，信息化管理由科技创新部监管，没有设置单独的信息化管理部门，一人多岗。公司还没有形成一套 IT 管理制度，包括组织、制度、流程等，目前系统都是部署在公有云上。

数字化存在的问题：分公司缺乏对项目的管理，项目基本上靠集团管理，而集团业务部门管理人员不足，过程管理只限于指标和过程抽检，没有做到日常化管理；集团针对项目的管理标准不健全，缺乏项目考核的标准；进度管理只限于线下管理，进度计划没有统一的工具或者系统进行编制及更新，站在集团角度，无法看到各个项目的进度计划汇总情况及偏差情况，只能按照单项目查看，无法实现项目进度与产值和资源的连接；集团定期对项目部进行质量抽检，没有针对项目部的实测实量进行监督，未形成质量台账，未进行质量风险管控，质量检查和巡检线下进行，没有通过信息化系统实现闭环管理；技术管理目前更多的是关注施工组织设计和专项方案的管理审批，没有对变更洽商和图纸进行管理，施工组织设计和专项方案的审批已经通过系统进行。

3.10.5　企业数字化建议

对于行业主管部门、行业协会：通过信息化手段建立监管机制，规范行业内部竞争行为，树立良好的评比风气。

对于业主方：以数字化手段提升项目各参与方协作的方式，建立项目统一的信息化平台，允许参与各方进行数据对接，缩短业务流程，提高工作效率，达到降本增效的目的。

对于软硬件服务商：以招标采购管理为核心，管理覆盖招标立项、发标、回标、评标、定标、采购全过程。通过管控招标采购过程，规范审核立项、招标信息、采购申请，规范处理采购业务中的流程管控、信息共享、过程协同等问题，有效把握招标、采购关键环节，降低采购成本及风险，确保招标采购阳光透明公开。聚焦项目经营管理指标，使项目立项、投标、合同、进度、预算及成本管理、招标采购、变更签证、结算管理数据贯穿始终，通过科学的管理方法，全局掌控项目经营过程，提升企业经营管理水平。加强服务及技术支持，通过对系统管理员和内部讲师的多次专项培训，培养系统管理员和内部讲师以及一批业务操作人员，使系统管理员掌握信息化系统中的组织机构建立、用户维护、权限分配、流程配置、报表设计等系统维护操作技能，为系统推广奠定基础，对内部讲师的培养保障项目后期的持续应用。

3.11 河南省路桥建设集团有限公司数字化转型应用情况调研

调研对象名单

杨　桦：河南省路桥建设集团有限公司党委书记、董事长

田　涛：河南省路桥建设集团有限公司党委副书记、副总经理

刘金波：河南省路桥建设集团有限公司首席专家、工程与安全管理中心经理

孙国华：河南省路桥建设集团有限公司企业管理部（信息中心）经理

庞　敏：河南省路桥建设集团有限公司技术中心副主任

3.11.1 企业基本情况

河南省路桥建设集团有限公司（以下简称"河南路桥集团"）是地方国有大型建设施工企业集团，注册资本 25.05 亿元。公司拥有公路工程施工总承包特级资质，市政公用工程施工总承包一级资质，公路路基工程、公路路面工程、桥梁工程、交通工程（公路安全设施）4 个专业承包一级资质，隧道工程专业承包二级资质和建筑工程施工总承包三级及公路养护等多项资质，具有铁路大中型建设项目站前工程施工投标交易许可和境外经营承包工程资格。公司累计中标合同额 42.44 亿元。在已中标项目中，传统公路类项目占比 18.50%；市政道路工程类项目占比 59.46%；房屋建筑及房地产开发类项目占比 21.89%；生态、能源及其他类项目占比 0.15%。按中标项目所在区域分，商丘本地项目中标 26.83 亿元，占比 63.22%；河南省内（除商丘外）项目中标 13.73 亿元，占比 32.35%；河南省外项目中标 1.88 亿元，占比 4.43%。

截至目前，河南路桥集团共有员工约 1800 人，各类专业技术人员 1178 人，其中：专科及以上学历 1356 人，专科以下 443 人；高级职称 188 人，中级职称 593 人，初级职称 397 人；各类资质注册人员 271 人，其中：一级建造师 91 人、二级建造师 72 人，一级注册造价师 11 人，甲级造价工程师 19 人、乙级造价工程师 3 人，注册安全工程师 3 人，试验检测工程师 72 人。管理层级及管控模式为"集团公司管理层—集团机关部室—分（子）公司—项目部"四级管理。公司项目中自营、联营分别占比 75%、25%；自营项目统一管控，联营项目派员监管，但均纳入一个项目管理平台系统填报数据，实现实时、即时查阅审批。

3.11.2 经营目标及数字化规划

河南路桥集团的经营总目标是到 2025 年达到 150 亿元收入，其中：普通房建项目 20 亿元、基础设施项目 100 亿元、EPC 项目 30 亿元，各自分别占比 13.3%、66.7%、20.0%。

集团数字化规划紧密结合国家行业标准《建筑施工企业信息化评价标准》，按照"总体规划、集约管控、集成应用、稳步实施"的原则，信息系统以集约管控为主线，以协同平台为支撑，以合同、成本与资金管控为核心，以信息标准和基础信息编码统一为基础，依托信息技术强力提升集团公司科学化、精细化、标准化、数字化、效益最大化管理水平，实现科技兴企、管理强企、经营振企。河南路桥集团以成本管理为核心，纵向打通管理层级，横向连接业务条线，以标准化、规范化管理支撑企业整体效率提升、整体风险降低、整体稳健发展。由多家软硬件服务商参与河南路桥集团的数字化规划和建设，到 2025 年，完成项目集成管理平台与财务系统、采购平台一体化的深度融合。

3.11.3 数字化建设重点

随着建设"一带一路"倡议的提出，河南路桥集团在公路桥梁隧道施工主业外，努力开拓市政、城市轨道交通、房建、水利水电等领域，不断突破公路、市政、房建等领域的开发额，使公司的经营开发、投资与项目管理水平再上新的台阶，实现集团公司高质量发展。但由于当前行业利润率越来越低，压价让利日趋严重，竞争对手能力不断增强，人工成本不断升高，人员流动速度加快，潜在的竞争对手增多，有些市场存在地方保护，加之外地强势企业进入，建筑产业绿色化转型，这些都对公司发展提出了新要求，因此要顺应形势及时调整工作重点。

数字化应用重点：河南路桥集团目前应用了 BIM 技术、财务管理系统、人力资源管理系统、综合项目管理系统、协同办公管理系统、档案系统、集采系统以及网上采购平台，并积极开展"企业综合管理系统"升级与融合，大大提升了集团公司数字化创新管理水平。

以前，河南路桥集团应用的信息设备、信息系统处于行业中下水平，信息系统数据不完善、数据逻辑分析能力不够，应用不深入，不能很好地利用数据平台进行科学决策和数据分析。2018 年更换系统平台后，应用系统办公门户，建立了河南路桥集团 OA 系统、HR 人力资源管理系统、项目管理系统、档案管理系统、集采系统统一门户和一体化的信息化网络平台，各系统实现了单点登录和企业微信登录，并对 OA 系统、项目管理等系统完成版本迭代更新，工作效率显著提高。

数字化组织结构：集团公司成立了以董事长为组长，总经理为执行组长，副总经理为副组长，信息中心为具体实施部门，集团机关各部室、各分（子）公司协同的数字化工作领导小组。集团公司共投入数字化工作人员 302 人，分别负责 OA 系统管理、人力资源管理、财务管理、资产管理、材料采购与材料管理、劳务管理、质量管理、进度管理、资金管理、成本管理、合同管理、招投标管理、印章管理以及系统后台运维管理、机房管理等工作；近 2～3 年对集团公司相关部室和分（子）公司进行了优化和重组，以更好适应集团公司当前工作需要和更好开展数字化管控工作。

数字化投入情况：数字化累计投入 1600 多万元，当期投入 380 万元。当期投入包括人员成本 100 万元、软件成本 169 万元、硬件成本 61 万元、运维成本 50 万元。近 2～3 年数字化投入方面的主要变化（调整）包括更换了 ERP 项目管理系统、HR 人力资源管理系统、OA 系统、集采系统等，同时升级了财务系统，以更好地实现集团公司的数字化转型和应用。

3.11.4　数字化应用情况

数字化应用领域：河南路桥集团为实现企业管理流程和业务流程的打通，有效解决部门职责清晰定位、业务交圈、企业层和项目层责权利划分以及数据共享、信息采集尤其是成本和资金监控等问题，上线应用了财务系统、协同办公系统、人力资源系统、项目管理系统、集中采购系统、档案管理系统和印章管理系统，覆盖了集团机关、15 个分（子）公司和所有项目公司及所有在建与已建工程项目。

数字化系统情况：集团公司 2018 年正式上线应用 OA 协同办公、人力资源、项目管理、集中采购和印章管理等数字化系统，通过系统集成技术，实现了各系统间组织架构、人员、供应商、材料字典等主数据的同步；实现了业务替代、移动审批，公司和项目的业务数据、审批流程及表单和统计分析报表实时在线呈现，各项经营指标可及时掌握。项目管理系统提供接口对接第三方产品，同时支持本地化部署和云端部署。目前，河南路桥集团集中采购系统采用云端部署，与本地化部署的项目管理系统进行集成同步。

数字化应用成果：集团公司通过了交通运输部和住房和城乡建设部考评专家的实地考评和肯定，连续多年获得商丘市信息化工作先进单位；实现了系统基础数据的格式统一和全程共享，实现了创新管理，提升了大数据分析和知识搜集能力，有力支撑了集团公司的科学管理和决策部署。通过系统间集成应用，对人、财、物等进行集中管控，建立集中的运营管理平台，实现了集中日常办公、人力资源、财务管理、项目全生命周期管理、企业档案、集中采购平台、印章管理等数字化应用，促进了业务过程标准化、流程化、精细化；通过业务流、工作流和控制流三流结合，建立项目成本事前策划、事中控制、事后分析的管理体系，实现了项目管理从规范化、标准化管理向精细化管理的转变。

数字化存在的问题： 第一，人员意识问题。数字化转型是一项涉及面非常广的变革，由于长期形成的组织文化、行为习惯以及传统的思想观念，在推动企业数字化变革中，会面临很大的阻力。如何转变企业人员的观念，使其从思想上认同数字化、行动上支持数字化并积极推动数字化，是企业进行数字化转型需要思考并解决的重要问题。第二，成本投入问题。数字化转型是长期的过程，需要企业持续不断地投入大量的人力、财力和物力成本。对企业来说，既要考虑当前企业发展，又要着眼于长远利益，这就需要在进行数字化转型时，对投入成本和结构进行合理规划，使投入的数字化转型成本能带来预期的利润和综合竞争力。第三，数字化人才问题。数字化转型离不开数字化人才，很多企业在进行数字化转型时会面临数字化人才短缺问题。从外面高薪挖过来的数字化人才，企业却留不住，干一段时间就离职了；企业自己培养出来的数字化人才，也经常被其他企业挖走。那么如何留住这些人才、如何解决数字化人才不足的问题，就需要企业分析其深层原因并制定行之有效的措施，为企业选、育、用、留数字化人才，支撑企业数字化的持续发展。

3.11.5 企业数字化建议

对于行业主管部门、行业协会： 提供相关的政策和资金支持，多组织企业高管人员参加相应的数字化峰会，提升数字化的管理意识和能力。

对于业主方： 在招标文件中应列入数字化建设资金，引领施工企业向数字化转型。

对于软硬件服务商： 针对不同的企业提供更合适的数字化产品，能够更好地发挥数字化的作用。

3.12　河南城源建设工程有限公司数字化转型应用情况调研

调研对象名单

赵　烨：河南城源建设工程有限公司总经理助理

赵佩林：河南城源建设工程有限公司运营负责人

赵　珂：河南城源建设工程有限公司成本总监

李林珍：河南城源建设工程有限公司成本经理

郭彬虹：河南城源建设工程有限公司行政经理

3.12.1　企业基本情况

河南城源建设工程有限公司成立于 1993 年，公司注册资本 2 亿元，是一家现代型民营企业。公司拥有建筑工程施工总承包一级、建筑装修装饰工程一级、防水防腐保温工程一级、消防设施工程一级、建筑幕墙工程一级、电子与智能化工程一级资质，并具有市政工程、公路工程、机电工程、钢结构工程、园林绿化、消防安防、环保工程、预拌商品混凝土、混凝土预制构件以及住宅装配工程等多项总承包和专业承包施工资质。公司年经营产值约 10 亿元，其中：普通房建占比 67%，精装修占比 10%，消防占比 10%，电子与智能化占比 3%，钢结构及幕墙占比 5%，园林绿化占比 5%。公司拥有国家一级建造师 60 名、正副高级工程师 18 名、国家一级造价师 10 名、工程师 120 名、管理人员 300余人的优秀团队，以及能够满足各类建设任务的机械设备、技术力量和管理架构。

公司采用自营的经营模式，项目管理人员全部为专业的职业经理人，在项目开工前，由公司与项目部项目经理签订目标成本责任状，确定项目考核利润率；以单收入合同为核算口径，以项目完成产值、利润率、二次经营利润、回款周期、结算完成率、实际工期、内部质量安全评估为主要考核指标进行绩效奖金确认。通过"铁四角"即以项目经理牵头集生产、技术、成本、安全为一体的项目级决策组织，对项目成员进行"360 度"评估，保证奖金公平、合理地发放。

3.12.2　经营目标及数字化规划

按照公司五年规划，到 2028 年公司实现年产值 20 亿元，经营毛利润不低于 10%；逐步扩大公司在精装修、智能化、钢结构专业承包上的产值份额，实现其产值占总产值的 40%。数字化顶层设计坚持"项企一体化"，公司层面坚持风险和目标利润的底线管控，项目层面坚持精益管理和二次经营。

数字化建设目标：2024 年，完成项目的标准数据库建设；2025 年，完成数据应用界面的梳理和完善；2028 年，通过数据的沉淀、积累，以及数据的分析和应用，成为中原地区建筑行业的数字化管理标杆企业。

3.12.3　数字化建设重点

公司当前重点工作：面对行业竞争的不断加剧，受房地产开工面积持续下跌及财政投资收缩的影响，企业项目利润率不断下降且获取项目的难度越来越大。作为建筑业的个体，本阶段公司将提升企业内生性竞争力作为生存的根本，是从企业经营战略和对行业未来发展的信心出发的。企业当前的重点工作为三个维度：一是增加营销力度，坚持"走出去"，去适配和建立更良好且持续发展的营销体系，寻找"好业主""好项目"，持续打造"好口碑"；二是提升企业内控管理能力，采用精益建造的大商务管控体系，坚持"第一性原理"思维，实现企业体系性的精细化管控；三是严控风险，在项目施工全周期实行风险管控，按照质量、安全、成本等专项以及不同风险等级、不同施工阶段的风险管理清单进行管控，并将责任划分到人。

数字化应用重点：目前，公司重点推进数字化的集成和应用。一方面，基于公司原有数字化建设的基本模块，包括 OA 系统、智慧工地、劳务实名制、目标成本管控、固定资产管理、物资管理、电算化计量计价、不串联的管理体系等模块，着重推进系统的平台建设及数据集成，打通数据与数据之间的壁垒；另一方面，基于数据的沉淀和积累进行数据应用，单独的数据自身没有意义，需要通过数据的对比、分析去查找问题、改善管理，才能发挥数据的价值。

数字化工作的调整，来源于企业经营压力的增加，从以往承接地产项目的高周转、快建造、多项目，逐步转变为精细化管控，在年度产值持续下滑的情况下，公司在寻求内控管理提升的道路上，通过数字化的应用倒逼管理模式、提升管理水平、加强管理措施就成为不得不做的重要且又紧急的事情。

数字化组织结构：公司作为中小型民营企业，在数字化组织建设中坚持落地应用。坚持数字化为"一把手"工程，将数字化的应用直接纳入各个部门和业务流程中去。企业当前未设立专职的信息化管理部门，而是以总经理为信息化工作牵头人，每个部门设有信息化员兼职岗位，将信息化管理融入日常的企业管理中。

数字化投入情况：公司累计数字化投入近 700 万元，其中，软件成本、硬件成本、运维成本分别占比 60%、30%、10%。目前增加的软件成本的投入，主要用于数字平台的建设，包括搭建基础数据库，增加数据的集成管理。

3.12.4 数字化应用情况

数字化应用领域：公司层数字化应用的业务领域包括：OA 系统、智慧工地、劳务实名制、成本管控、固定资产管理、物资管理、财务管理、项目管理；项目管理系统涉及项目内各模块的连通及数据归集，目前仅在 3 个新项目中试点应用，根据公司数字化建设要求，将逐步在项目中推广应用；其他管理系统为全公司、全项目应用。应用最为成熟的是物资管理、智慧工地、劳务实名制，实现了项目百分百覆盖、百分百应用。

目前，公司在研究结合多模块数字化的应用，实现钢筋的供应及生产管理体系的数字化。例如，在项目开工前，通过电算化及钢筋翻样软件，进行钢筋搭接优化，节约钢材用量；在垫层浇筑阶段，结合生产计划形成项目采购需求计划，完成配车、配捆的管理方案；在钢筋使用前，分楼栋、分楼层、分构件、分型号进行使用计划提报，在物资管理系统中汇总生产单次采购计划；在施工过程中，使用数字化钢筋管理平台，动态更新已完成产值、在场半成品、库存、废料，动态调整单次采购计划；最终形成现场的合理库存，既能保证现场生产需要，又能最大限度地减少钢筋的资金占用。

数字化系统情况：公司建设了以"项目管理系统"为中心平台，融合各个业务模块的"一平台多模块"的数字化系统。系统目前在本公司范围内使用，系统平台可以通过超链接与其他模块进行连接，如 OA 系统、劳务实名制管理系统。系统数据统一储存在云端，方便不同项目的快速访问及数据编辑。

当前建设的多个模块之间，需要一套相对合理且更科学的数据串口，保证数据之间的相互引用。特别是在对劳务分包和专业分包的评价上，如何客观地进行供应商评价，向来困扰着行业内各采购部门。建筑行业的工人流动性强，对每一个小班组在质量、安全、工期三个核心维度的考核，以往仅依赖于班组长个人评价，管理存在不完整性。所以打破数据壁垒，连接不同模块的数据库，是需要加强的环节。

数字化存在的问题：在组织方面，存在数字化应用范围广泛与人员对数字化认知不足的矛盾，数字化的数据收集来源于施工员、物资员、库管员等一线员工，数据在公司层面的加工、分析都依赖于基础数据的准确性，所以需要所有人对数据化能有充分的认知。在业务方面，公司在拓展新的业务或者有新材料和新工艺应用时，原有数据库的不足，会造成数据不便于准确归集，如新承建的污水输送管道工程增加的沉井、顶管、水电材料等。在软硬件方面，软硬件更新速度快，造成数据的频繁迁移。在研发投入方面，受经济下行大环境的影响，一方面企业之间竞争加剧，另一方面企业研发投入缩减，企业对数字化应用的推广变慢。

3.12.5 企业数字化建议

对于行业主管部门、行业协会：牵头制定数据的统一标准，如符合市场计价的劳务分包项清单、更具可信度的建筑企业信用等级、劳务分包企业和专业分包企业的集约化管理标准。

对于业主方：通过更完善的供应商评价体系，对供应商形成一定的自我约束；通过建设单位的数字化建设要求，为施工单位提供数据接口，方便进行数据的交互和统一管理。

对于软件商：能够通过行业内的交流及大量历史数据的积累，提供更系统性的数字化产品和方案，推动全要素、全方位、全链条的数字化管理体系的形成。

3.13　山西路桥建设集团有限公司数字化转型应用情况调研

调研对象名单

郭聪林：山西路桥建设集团有限公司总经理

白永胜：山西路桥建设集团有限公司总经理助理

郭　鑫：山西路桥建设集团有限公司信息中心主任

3.13.1　企业基本信息

山西路桥建设集团有限公司（以下简称"山西路桥集团"）组建于 2001 年 5 月，是山西省人民政府批准设立的大型国有企业。山西路桥集团拥有交通全产业链资质。现有 3 项国家公路工程施工总承包特级资质，7 项国家公路工程施工总承包一级资质，3 项公路行业设计甲级资质，2 项市政公用工程施工总承包一级资质，2 张融资租赁牌照，1 张商业保理牌照，以及 80 余项专业承包资质。集团注册资本 72.15 亿元，资产总额 1237 亿元，年施工产值 300 亿元以上。集团坚持"投资、建设、施工一体化经营、协同化发展"，成功实施了一批在全国具有标杆示范意义的 BOT/BT/TOT/PPP 项目，成为山西省重要的交通项目投融资主体、山西省交通基础设施投资建设施工的骨干和主力军。集团现有在建施工项目 234 个，截至 2022 年底完成施工产值 747.4 亿元。

山西路桥集团拥有员工 1.3 万余人，现有协作队伍 1500 余个，劳务班组 2300 余个，年用工总人数 39100 余人。集团实行集中管控的管理模式，由上到下分为集团总部、分子公司和项目部三个层级，截至目前，集团拥有 59 个分、子公司，13 个业务部室和 5 个直属机构。分子公司按业务类型分为基建施工板块、投资建设板块、运营类板块和路域经济板块。

3.13.2　经营目标及数字化规划

山西路桥集团致力于成为国内一流的交通基础设施投资建设施工现代企业集团。在效益上，力争到 2025 年末，年利润实现 30 亿元，净资产收益率达 7%，"十四五"期间累计新签合同额 2500 亿元；在规模上，2025 年实现资产总额 1600 亿元，当年营业收入

700 亿元，"十四五"期间累计营业收入 2300 亿元以上；在资本结构上，资产负债率降至 75%以下；在人才结构上，2025 年实现拥有博士学位人才占比 1‰，拥有硕士学位人才占比 5%，本科生（全日制）人才占比 50%，中级以上职称人员占比 40%，鼓励引进培养专业技工型人才；在分配结构上，全集团在岗员工人均年收入在山西省属国企中上游水平的基础上再增加 13000 元。

集团 2022 年发布《山西路桥建设集团有限公司数字化顶层规划报告》，2023 年发布《数字产业三年规划》，提出要构建业务全覆盖、流程全监控的数字路桥综合信息管理平台，深化路桥"云＋"应用。搭建集团公司数字化创新平台，构建财务、资金、物资、设备、营销等核心业务共享平台，实现资源配置方式的变革，加强内外部平台的协同能力。集中管控数据，有效支撑跨区域、多项目的信息流、数据流、业务流及审批流高效流转，为业务经营分析与决策提供数据支持。以集团主业为核心，贯彻"产业数字化，数字产业化"的工作思路，通过新技术应用整合，提高产业技术创新能力，推进建设施工项目信息化管理平台建设，重点落实管理数智化和生产精益化，对传统施工环节进行信息化和数字化改造，逐步实现交付实体路桥的同时，交付"数字路桥"。

3.13.3　数字化建设重点

近年来，集团基于统一管控、工程项目数字化建设的需求，从管理数字化、产业数字化、数字产业化三个方面，致力于推进"公路工程建设全要素、全周期、全过程数字化管理"。

数字化应用重点：在管理数字化方面，高效打造了数字一体化平台，形成覆盖基础管控、主营业务、辅助管理、党建办公、支撑运维 5 大类 18 小类 35 个系统的基本信息化架构，实现了组织全覆盖、人员全覆盖和项目全覆盖；聚焦"业财一体化"，完成工程、成本、资产、招采、劳务等关键业务与财务数据融合，计量、结算、支付的准确性大幅提升。在产业数字化方面，依托项目优势，充分应用信息化技术，探索、实践公路"BIM＋数智建造"管理新模式，并在所管投资建设项目上广泛应用；积极引进数字化机械设备，开展智能装备应用，通过物联网技术实现业务数据自动采集、分析、研判、预警，提高施工效率，提升施工品质；广泛探索应用施工工艺数字化，在隧道施工、路面施工、钢筋加工、梁板预制等方面探索实施了一批工艺数字化场景。在数字产业化方面，成立智慧交通、中科智信、交通产业等科技公司，立足山西路桥集团资源优势和产业基础，持续进行数字化产品研发和解决方案提供，自主研发公路数智建造管理平台，将进度管理、质量管理、安全管理、环保管理、人员管理等线下流程进行数字化革新，改变项目管理模式，实现项目管理数据实时流转；打造智慧高速优质解决方案，以自主可控的"BIM 数字化指挥平台＋指挥施工管理平台"为基础，协同推进地理信息测绘、BIM 技术应用、智慧工地建设、智能化工程实施、信息化资产运营、工程造价咨询等专业化服务覆盖实施。

数字化组织结构：2019 年，山西路桥集团正式成立网络安全和信息化工作领导小组，小组成员由集团主要领导组成，负责贯彻落实中央、省委、省国资委及交控集团关于网络安全和信息化工作的决策部署，审定发展规划，统筹协调工作中的重大问题，审议重大建设项目等。2023 年，集团成立数字产业发展工作专班，组长由集团总经理担任，成员由主要领导组成，办公室设在集团技术中心（总工办），负责数字产业发展专项工作的组织推动、统筹协调和强化落实。2018 年 12 月，成立智慧交通科技有限公司，作为集团落实"数字经济"大发展战略布局、践行高质量发展规划、推进企业数字化转型升级的主阵地。2021 年 9 月，成立中科智信空间科技（山西）有限公司，重点围绕数字公路输出整体解决方案及提供信息安全保障服务。近年来，集团成功孵化了租立得、桥路易购、智路绿运、桥路云模、路匠教育、路碳云商等数字经济平台。

数字化投入情况：目前集团信息化建设项目已签订合同金额达 6000 余万元，累计支付比例 64%。除信息化项目外，分子公司、项目部通过集团立项审批后，可自行采购自建信息化项目、智能化设备等。

3.13.4　数字化应用情况

数字化应用领域：山西路桥集团数字一体化管理平台提供人力资源管理、财务管理、资产管理、工程项目管理、招采管理、合同管理等业务功能，目前应用于集团总部、分子公司和项目部，实现组织全覆盖、人员全覆盖和项目全覆盖。BIM、物联网、人工智能和云计算等数字技术被广泛应用于设计、施工和运维等各个阶段，覆盖范围包括隧道、桥梁、道路等不同类型的工程项目。

数字化系统情况：山西路桥集团的信息化架构分为基础管控、主营业务、辅助管理、党建办公、支撑运维五大板块。基础管控包括人力资源管理系统、财务管理系统、资产管理系统、全面预算管控平台，主营业务包括建设管理一体化平台、施工一体化平台、平安交通平台、质量管控平台、运营管理系统等，辅助管理包括投资管理系统、市场开发系统、电子商务平台、合同管理平台、档案管理系统等，党建办公包括干部管理系统、"三重一大"、OA 系统等，支撑运维包括数据管理平台、数据大屏、云平台等。

近年来，集团着力抓数据融合，通过数据管理平台的建设，实现不同业务系统间数据的共享交换。集团建设了企业私有云平台，拥有物理机 7 台，虚拟服务器 176 台，存储容量 122TB，承载了集团所有业务系统的运行。

数字化应用成果： 目前，山西路桥集团共获得软件著作权 57 项，集团数字化转型案例成功入选中国信息协会《2021 中国数字化转型优秀方案集》，登上信息化观察网"2021 第五届中国软件和信息服务业年度风云榜"。集团下属智慧交通公司、太佳东公司、昔榆公司、离隰公司、交通产业公司入选"首届全国交通企业智慧建设创新实践优秀案例"。2022 年，成功承办山西交通行业数字化转型现场会，以"交通基建数字化实景应用"为主题参展第三届晋阳湖峰会。2023 年，集团"数字化转型路径研究与实践"荣获"第十九届交通企业管理现代化创新成果"一等奖。

数字化存在的问题： 数字化转型意识还需强化，作为传统交通企业，管理层、机关工作人员和一线员工等不同层级员工对数字化转型战略的认识和接受程度存在较大差异。数字化转型全面实施存在难度，集团产业链条长、跨度大、管理层级多，如何实现各个业务单元、职能部门和产业板块之间的良好协作是一个重要难点。数字化转型需要长期、大规模的资金投入，部分调整在短期内很难见效，实施过程中的转型阵痛对执行的意愿及连续性均有较大的冲击。数字化转型人才机制还需优化，大部分二级单位虽然设置有信息化岗位，但缺乏数字化专业人才，现有信息化管理人员业务素质跟不上快速发展的数字化转型需求，同时，项目部管理人员对于信息化工具和数字化技术的适应能力较弱，数字化软硬件能力和应用能力均需要进一步提升。施工行业数字化概念模糊，技术标准尚未统一。当前施工行业数字化应用存在各种技术标准和规范，互相之间缺乏统一标准。数字化新概念新技术层出不穷，传统行业人员很难把握，施工企业数字化转型缺乏成熟高端技术的支撑。目前很多企业没有足够的实力去制定施工行业数字化的规则与标准，对于其中所涉及的资源权属、使用权限、参与方利益分配模式等方面的参与度和话语权不强。

3.13.5 企业数字化建议

对于行业主管部门： 加强政策支持。数字化转型具有投入大、产出小的特点，特别是现阶段，智慧高速每建设 1 千米至少需增加投资 1000 余万元，且应用效果不能立即显现。施工行业整体利润率低，很难独立支撑大规模数字研究的投入，需政府给予科研、人才、资金等方面的政策支持，制定"产学研"合作机制，全力推动数字化转型。

对于行业协会： 建立工程项目信息化标准规范。我国工程项目管理的标准化问题已成为抑制建设项目管理信息化水平提高的主要因素。在发达国家，建设工程信息的标准化工作已经有许多年的历史。例如，德国的国家标准是对建设工程费用结构的分解，是德国最早颁布的国家标准。北美有统一的工程分项标准，并将更进一步地形成统一的国际标准。

对于业主方：鼓励施工企业进行数字化应用。在招标文件和合同中明确要求施工企业采用数字化技术和工具，推动施工过程的数字化转型。

对于软件商：坚持需求导向。全面了解施工行业特点，深入挖掘企业的需求，针对痛点、难点问题提供个性化差异化的数字化解决方案，提供技术支持和运维培训。

对于同行：加强企业间经验分享和合作，共同面对数字化转型的挑战，探索解决方案，并分享成功案例和最佳实践。

3.14 四川华西集团有限公司数字化转型应用情况调研

调研对象名单

丁云波：四川华西集团有限公司副总工程师，华西数字产业集团有限公司董事长，
　　　　四川华西集采电子商务有限公司党支部书记、董事长

陈　伟：华西数字产业集团有限公司副总工程师

刘　斌：华西数字产业集团有限公司技术中心数字化平台主任

吴　斌：华西数字产业集团有限公司技术中心研发部部长

3.14.1 企业基本情况

四川华西集团有限公司（以下简称"华西集团"）始建于 1950 年 5 月，由建工部一局、建工部西南管理总局、四川省建设厅三大系统汇聚而成，1997 年改制为四川华西集团有限公司，是四川省属重要国有骨干企业，现列"中国企业 500 强"第 282 位，"ENR 中国承包商 80 强"第 15 位，"四川企业 100 强"第 6 位。经过 70 多年的发展，华西集团已成为在西部、全国乃至海外都具有重要影响力的大型国有建筑集团，并加速向国内一流的建筑行业国有资本投资公司迈进。

华西集团共有全资、控股及相对控股的法人单位 100 余家，其中房屋建筑施工总承包特级资质企业 4 家，建筑工程甲级设计资质企业 5 家，高新技术企业 3 家，其他施工总承包、专业承包资质 70 余项。华西集团工程业绩遍布大江南北，先后参与了人民大会堂、北京大兴国际机场、成都天府国际机场、中国科学院高海拔宇宙线观测站、深圳国贸大厦、华为科研中心、成都金牛宾馆、邓小平故居、江姐故里红色教育基地等一系列

重大工程建设。集团业务涉及工程承包、工程智能制造、建筑产业数字经济、建筑产业金融服务、科研设计、产业地产、城市更新与运维、工程智能装备等多个产业，市场遍及全国 30 多个省级行政区以及海外 20 多个国家和地区，年营业收入超过 1000 亿元。

华西集团专门成立了四川华西集采电子商务有限公司（以下简称"华西集采"），推动集团数字化转型。截至 2022 年 12 月，华西集采拥有全职职工 160 余人，本科及以上员工占比达 99%，"双一流"学校毕业员工占比超过 40%，核心研发团队由来自四川大学、重庆大学、电子科技大学、西南石油大学、西南交通大学、西南科技大学等高校的博士研究生、硕士研究生组成。

3.14.2　经营目标及数字化规划

华西集团"十四五"时期总体发展目标为：2022 年实现"千亿华西"，2025 年迈进"世界 500 强"，把集团建设成为盈利能力、运行质量、队伍作风、员工收入、社会影响力显著提高的建筑产业国有资本投资公司，以集团产业发展为基础，围绕全产业链开展科技创新，同时强化常规施工技术革新对工程全过程质量和品质的提升。

数字化方面，将聚焦"产业数字化、数字产业化"两大方向，学习和引入 5G、物联网、云计算、区块链、人工智能等现代数字技术，以"轻量化＋模块化＋经济化"的技术发展策略，按照"以技术为支撑，以业务为驱动"的研发理念，打造物资供应链、资金供应链、劳务供应链、知识供应链服务平台，建设线上交易、业务、管理数字业务生态圈，推动"中国华西善建云"数字化平台、"天府阳光云"采购服务平台、"四川建筑云"平台等"三朵云"的建设。

3.14.3　数字化建设重点

当前，华西集采数字化建设的重点工作是发展以数字技术为支撑、以产业数字化、数字产业化业务为主的区域性建筑行业互联网集成服务，通过聚焦华西集团施工业务板块，实现"项企融合"和"业财融合"成熟落地。打通企业在经营管理、生产管理、资源配置、财务共享等领域的各个环节，实现业务数字化、管理精细化、数据智能化。

数字化应用重点：建立一个全华西集团统一的"云平台架构"的数字化平台，通过统一用户体系、统一数据标准，承载全华西集团各领域业务应用系统接入。以"数据驱动"、数据汇聚贯通实现多业务、多层级的精准、实时和可视化管控。分阶段逐步推进实现数据"看得见""看得清""看得远"。最终通过华西集团各业务板块数据及外部数据的整合与分析展现，构建从战略制定、执行监控到绩效管理的闭环管控体系，支撑战略有效落地。

数字化组织结构：成立了"建筑企业数字化平台"建设领导小组负责统筹推进数字化建设。领导小组下设办公室、数据治理委员会及推广使用维保工作组。领导小组办公室设在华西集采，具体日常工作由办公室组织开展。办公室设置了需求组、技术组、BIM组和综合组。需求组负责组织需求研讨和论证，组织用户对需求进行确认；技术组负责与服务商沟通技术需求，验证技术路线；BIM组负责推进BIM平台建设；综合组负责行政综合管理事务。办公室还下设了服务协调联络工作组，各成员按照标段和模块划分负责"中国华西善建云"数字化平台建设项目的服务、协调和联络等工作。数据治理专业委员会及其办公室，负责统筹推进华西集团数据治理工作，保障各项数据职能工作开展。推广使用维保工作组下设了推广使用办公室和维护保障办公室，快速推进相关工作，确保用户快速形成软件使用能力和运行维保能力。

数字化投入情况：近3年来，华西集采数字化投入已超过5000万元，其中，人员成本超过700万元，软硬件成本及运维成本超过4000万元。

3.14.4　数字化应用情况

数字化应用领域：聚焦战略前沿和数字化转型制高点领域，以数字技术为撬动建筑行业经济社会发展的"杠杆"，完善建筑产业供应链体系，加速产品和服务迭代，推动发展产业数字化、数字产业化业务为主的区域性建筑行业互联网集成服务，深化构建了"中国华西善建云""天府阳光云""四川建筑云"的"三朵云"数字生态格局，布局万亿级生态、千亿级流量数字产业。

数字化系统情况："中国华西善建云"赋能平台。建立"云平台"架构的数字化平台框架，构建数字化平台，实现统一的用户体系和基础数据服务，以支撑应用系统接入。推进业务流程梳理、数据治理、数据标准制定和数据体系建设，接入经营管理、项目管理、智慧工地系统。围绕业务流和数据流，构建"项企一体化"和"业财一体化"，实现华西集团业务系统融合和数据贯通，企业生产经营等数据可视化。"天府阳光云"赋能平台。坚持"廉洁共筑、服务企业、共建生态"的理念，着力构建国企阳光采购新生态，积极配合省国资委推动全省国有企业阳光反腐、提质增效、数字化转型，促进国资国企保值增值、高质量发展。在持续做好平台的运行服务工作的同时，华西数产集团可将此作为依托，为华西集团探索生态圈数字供应链业务。"四川建筑云"赋能平台。主要聚焦四川建筑产业业务应用需求，初期进行平台建设规划，分期分阶段探索建设智慧供应链、智慧工地、智能生产、智能勘察、数字设计、智慧造价、智能建造、智能运维、建筑产业大数据、智慧城市十大功能体系，推进四川建筑产业各领域业务系统融会贯通，从而进一步提升华西集团在建筑数字化领域的领先地位。

数字化应用成果：集团建设的数字供应链平台是行业第一家实现当年成立、当年上线、当年盈利且连续六年盈利的平台，被国务院国资委评选为"2020 年国有企业数字化转型（数字生态类）典型案例"（全国仅 100 例），入选 EFEC 中国产业链与供应链金融联盟《2020—2021 全国供应链优秀企业及杰出个人白皮书》、住房和城乡建设部 2021 年"智能建造新技术新产品创新服务典型案例"、中国建筑业协会"第七届、第八届建筑业企业信息化建设案例一等"、中国施工企业管理协会"2022 年工程建设行业供应链创新应用优秀成果一等"（是获得一等成果的唯一省属企业），截至 2022 年 12 月 31 日，获得软件著作权 152 件、专利 20 件、标准 3 件。

数字化存在的问题：数字化人才和技术支撑不足是典型问题。数字化转型的基础便是人才和技术，二者是影响数字化转型成功与否的关键所在，而数字化人才的培养需要员工具有一定的基础，华西集团作为建筑行业的龙头企业，在数字化研究方面还有待提高和加强。一是专业人才的匮乏制约了数字化转型，企业数字化转型对于人才的专业能力以及综合素养提出了更高的要求，需要培养复合型的人才才能够更好地推动企业的转型发展。二是技术能力需要创新以支撑数字化转型的需求，虽然信息技术在实践当中得到了应用，但是很多问题仍然困扰着华西集团的数字化发展。例如，数字孤岛纵横、基础数据不准确等；与此同时，数字云、大数据、人工智能等技术快速发展，数字化技术不断更新迭代，企业员工对于技术的掌握和运用变得更加困难。

数字化转型资金需求压力大也是企业面临的问题之一。足够的资金是促进企业数字化转型的重要因素，华西集团正处于数字化转型的关键期，这也使得数字化建设的资本投入连续累加，一方面是前期基础设施的投资，另一方面是数字化平台的开发及维护投资。数字化转型所需的长期持续的投资对华西集团的资金供给带来了压力。

3.14.5　企业数字化建议

对于行业协会：数字化转型需要专业的技术和知识，因此建议行业协会组建一个专业的数字化转型团队，成员可以包括技术专家、业务顾问、数据分析师等，以提供更具体的指导和支持。在数字化转型过程中，企业的信息安全和隐私保护至关重要。行业协会可以出台相关的标准和规范，强化企业的信息安全管理，确保数字化转型的安全性和可靠性。同时，行业协会可以搭建一个数字化的交流平台，供企业分享数字化转型的经验和教训，促进企业间的交流和合作，同时也可以宣传数字化转型的成功案例，推广数字化转型的优秀实践。

对于业主方：数字化转型需要大量的人才支持，业主方可以出台相关的人才培养计划和政策，提高数字化转型的人才供给水平。行业协会可以对数字化转型的过程进行监管，确保数字化转型符合行业发展的整体方向和目标，同时也可以对数字化转型中的问题进行及时的协调和解决。

对于软硬件服务商：一是需要对业务进行全面的评估，了解当前状态，包括业务流程、技术能力、人员技能等方面，这将有助于确定数字化转型的目标和优先级。二是在数字化转型过程中，需要定期评估软件的效果，了解数字化转型对业务的影响，以便做出相应的调整。数字化转型是一个不断发展的过程，软件商需要不断更新自己的技术和工具，以保持与时俱进。例如，采用人工智能、机器学习和大数据等新技术，可以不断提高数字化转型的效果和效益。数字化转型不是孤立的，需要各个部门和各个环节的协同配合。软件商可以建立一个生态系统，将各个部门和各个环节连接起来，以提高数字化转型的效率。例如，可以建立一个数字化平台，将企业的各个部门和各个环节连接起来，实现数据的共享和交互。

对于同行：深化数据治理，在前期工作基础之上，进一步深化业务流程梳理、数据治理和数据标准制定，形成较为完备的数据体系和数据服务的数据中台。加强大数据分析，对业务流程和数据流程进行梳理，基于数据中台，建设大数据分析系统，实现企业关键业务数据的实时数据查询和报表分析，以及业务数据决策分析。实现信息智能化，在数字化管理平台进行各个层级、各个项目、各个业务的信息整合以后，通过决策分析平台建设各类决策分析模型，将各业务领域数据按照不同管理维度、管理层级、管理要素进行报表数据处理和展示，实现数据透明化，实时动态体现经营情况，辅助战略决策层进行管理决策，提高决策科学性。

3.15 中国一冶集团有限公司数字化转型应用情况调研

调研对象名单

高　宓：中国一冶集团有限公司科技与信息化管理部副总经理

刘剑锋：中国一冶集团有限公司科技与信息化管理部科长

万　均：中国一冶集团有限公司科技与信息化管理部副科长

3.15.1 企业基本情况

中国一冶集团有限公司是世界 500 强企业中国中冶控股的国有特大型企业，是在成立于 1954 年的中国第一冶金建设公司基础上整体改制组建的股本多元化、管理科学化、运作规范化的现代企业。公司拥有冶炼工程特级资质、房屋建筑工程特级资质、市政公用工程特级资质、公路工程施工总承包特级资质、机电安装工程施工总承包一级资质以及地基与基础工程、钢结构工程等专业承包一级资质，拥有冶金行业甲级设计资质、市政行业甲级设计资质、建筑工程甲级设计资质、人防工程甲级设计资质、公路行业甲级设计资质。

2022 年，公司年经营收入为 515.19 亿元，其中，房建占比 48.00%，交通市政占比 26.00%，交通公路占比 9.34%，冶金占比 6.36%，其他占比 10.30%。截至 2023 年 6 月，公司现有职工 5665 人，拥有一冶钢构、中一交通等 7 个全资子公司，上海、深圳等 19 个分公司以及一冶建安、中一重工等 7 个控股公司。公司管理层级划分为三级，全部采用自营模式，根据公司的管理流程，采用了集团管二级公司、二级公司管项目的管理模式对工程项目进行全面有效的管理。

3.15.2 经营目标及数字化规划

公司的经营目标是：到 2025 年实现年 2000 亿元的新签合同额、1000 亿元的施工产值、30 亿元的企业利润，进入到中冶集团第一梯队。数字化规划的战略目标是：根据中国五矿数字化企业大脑建设要求，围绕信息赋能，打造数字五矿，实现一冶治理体系和能力的现代化。具体行动指南是：以中冶集团数字化管控平台建设方案为依据，以明确管理要求、坚持数据共享、落实应用场景、打造数字底座为基本原则，以战略闭环、业务协同、风险管控、运营洞察为工作指引，以自身规划＋数字化供应商参与为数字化规划方式，争取到 2024 年 4 月完成数字化企业大脑——决策支持系统建设，到 2025 年末完成主数据系统、数据中台建设以及完成数据治理，全面完成数字化企业大脑建设。

3.15.3 数字化建设重点

数字化建设工作重点：一是体系建设，基本建立和完善了信息化与数字化体系，包括制度体系、组织体系、标准体系、网络基础设施体系、网络安全体系、业务系统建设体系、应用和运维体系、保障体系和资产管理体系；二是系统集成与融合，围绕核心业务，已经形成以项目管控为核心的综合管理系统、以财务共享为核心的财务管理系统、以中冶数字化管控平台为核心的数字赋能中心 3 个数字化平台的格局，以支撑数字化转型战略的实施。

近几年数字化建设重点工作，从推进业务线转变为更加注重体系建设、系统集成与融合，以从顶层设计上适配企业发展和数字化转型战略，从体系上综合考虑整体 IT 架构，逐步消除信息孤岛，建立统一标准，实现信息共享。

数字化应用重点：以统一数字底座为目标，以数据为核心，"推动投资管理、项目管理、人力资源管理等核心业务系统融合，促进横向与纵向的数据连接，打通业务壁垒"，在中冶集团、子企业、项目部三个层面实现一套管理要素、一本数据字典的管理模式，实现数据的全面贯通、业务的双向赋能；构建"横向到边、纵向到底"的实时动态管控体系，以管控动态化、协同化、智能化的新模式，提升管控效能；构建统一的数据采集、传输、汇聚、分析、共享交换平台，利用算法模型实时自助洞察不同场景的业务验证及风险预警，释放业务生产力和想象力，提高运营效率。

在数字化应用方面明确了以下六个方面的目标：全面推动数字化转型，加快数字化与主营业务的深度融合；进一步提升数字化设计/智慧工地水平；完善业务系统深度融合，打通数据壁垒，实现"业财一体化"；推进业务管理数字化，推进数据治理，促进有效决策；聚焦问题，管控风险；不断积累数字化建设经验，推动产业数字化，探索数字产业化。

近 2～3 年数字化应用重点的主要变化是：业务信息化上线率不断提高，从单点应用向集成应用转变，从单一场景向复合场景转变，从单一系统应用各行其是向统一标准、信息共享转变。究其原因，在信息化进程发展到一定阶段后，多业务协同和流程化运行场景在不断增加，对流程再造、信息共享、统一标准的诉求日益迫切。

数字化组织结构：数字化人员数量为 8 人，职能分工主要包括建设、运维、网络安全等。近 2～3 年组织方面的主要变化是：较以前的 4 人增加了 4 人，其中含 1 名安全员。究其原因，要适应目前信息化与数字化建设发展的需要，以及将来对顶层设计、规模、运维、安全等各方面的要求。

数字化投入情况：公司近 3 年数字化累计投入约 6000 万元，当期投入约 2500 万元；当期投入中，人员成本约 500 万元、软件成本约 1000 万元、硬件成本约 800 万元、运维成本约 200 万元。数字化投入逐年增加，其原因在于，政府、业主在监管上的要求不断提高，企业实行精细化管理的要求和投入也在增加，加之企业规模扩大带来的软件正版化数量、人员数量等方面的投入增加，以及信息化与数字化深度发展、管理全在线等带来的软硬件、运维、安全等方面的投入增加。

3.15.4 数字化应用情况

数字化应用领域：主要用于办公、人力资源、项目、质量、安全、技术、财务、税务、资金、档案、法律、市场、招采、劳务实名、现场监控等相关业务管理，所有业务均覆盖到全公司范围，少数业务还扩展到了供应链。在应用程度上，基本实现了办公自动化、业务流程化、流程标准化。目前，正在进一步提升应用质量，优化数据采集措施，开展数据治理。

数字化系统情况：在数字化系统建设上实行"三步走"战略：夯实基础、连接共享、数字赋能。

第一步是夯实基础，完善"数字底座"。一是建设了"一冶云"。2020年启动建设"一冶云"，以两大业务平台为核心，到2022年8月，所有业务系统都已经迁移到云上运行，在为业务数字化提供良好的支撑环境的同时，极大减轻了运维服务压力，也为后续业务数字化提供了扩容能力，节省了软硬件资金投入。二是实现网络安全管理常态化。通过近5年来的网络安全专项提升工作和实践，培养了自己的网络安全保障团队，提高了实战和保障水平，具备了开展常态化保障的基础，有能力为业务数字化进程提供坚实的后盾。三是开展数据治理。首先完善信息化与数字化标准体系，按实际动态及时修订管理制度、标准规范、业务流程；其次大力推进业务系统深度融合进程，3年来，项目管理与协同办公、财务共享、用友财务、税务、五矿招采平台、分包等系统或业务都完成了对接，基本实现了信息共享；再次狠抓数据质量，以职能业务条线为主要抓手，以信息采集的及时性、真实性、完整性为目标，实施跨业务协同保障，建立反馈机制，及时纠偏。

第二步是连接共享。一是参与中冶集团数字化管控平台建设。目前已按照中冶集团进度要求顺利完成系统对接和工程管理、安全、质量、人力、投资、市场、环保、招采等业务数据对接，预计到2024年将实现全业务数据对接。二是进一步推进数据治理。通过承接中冶集团业务指标，发现自身的业务系统覆盖的管理要素还有一定的不足，为此，坚持"一套指标、一个出口、一个流程"的原则，不搞"两张皮"，所有数据从业务系统中来，统一在一个流程中填报、审核，统一在赋能中心平台出口完成上报；同时，针对业务系统未覆盖指标，加紧进行补充开发和完善。

第三步是数字赋能。在不断完善业务系统建设、数据治理等一系列工作的基础上，后续还将开展数字化企业大脑建设，目的是要解决当前管理和业务上的痛点和难点，以问题为导向，聚焦风险，全面梳理业务场景，持续进行数据治理，实现管理闭环，不断优化迭代，最终完成上下两级双向赋能，实现企业治理体系和治理能力现代化目标。

数字化存在的问题：第一，要全面提升认知水平，特别是各层级领导要提升信息化与数字化认知水平，开展认知培训、思考、答题活动，同时进行全员认识宣贯；第二，领导要全程参与，大力支持数字化项目建设，及时为项目建设重大问题提供决策，部门主要负责人要为项目实施提供人员保障；第三，资金保障，资金要列入年度专项预算，保障资金持续投入；第四，人才培养，通过项目建设全过程培养人才，为将来数字化运维、数据资产管理提供人才保障。

3.15.5 企业数字化建议

对于行业主管部门、行业协会：宣贯国家法律法规、政策，制订行业数字化指引性标准和规范，引导企业对标和实践。

对于业主方：在工程设计和发包中，统筹考虑建设方案数字化理念和合理成本投入，在数字化工地、数字交付、新技术应用等方面合理投入成本。

对于软件商：以市场培育有综合实力的软件商参与生态共建，在顶层设计上既要理解国家数字化战略要求，也要结合行业特点和企业数字化标准路径进行科学设计，加大研发和客户应用场景落地的实践力度。

对于同行：行业内企业要加强广泛交流和探讨，闭门造车不可能完成数字化转型，与生态伙伴共建共享才是成功之道。

3.16 黑龙江省一恒建设工程有限公司数字化转型应用情况调研

调研对象名单
杜维松：黑龙江省一恒建设工程有限公司党委书记、董事长
侯连权：黑龙江省一恒建设工程有限公司副总经理
李俊宇：黑龙江省一恒建设工程有限公司工程管理部
杨　贺：黑龙江省一恒建设工程有限公司工程管理部

3.16.1 企业基本信息

黑龙江省一恒建设工程有限公司（以下简称"一恒建设"）成立于2022年8月，是由黑龙江省建投集团控股的国有专业化建筑施工企业，注册资本1亿元。一恒建设经营

范围包括工程前期策划、建筑设计、施工总承包、专业分包、劳务分包、材料采购与销售、设备租赁与安装、技术咨询服务、管理服务等，具有建筑工程、市政公用工程、机电工程、公路工程、水利水电工程施工 5 项总承包二级资质和建筑装饰装修工程、输变电工程 2 项专业承包二级资质，年施工生产能力 50 亿元。一恒建设致力于打造成为国内一流的城市基础设施建设大型现代国有企业，利用数字信息技术不断增强为区域经济发展提供一揽子服务的能力。一恒建设坚守"知行合一、恒心为民"的企业核心价值观，担当起黑龙江省国资委、省建投集团赋予的妥善化解黑龙江省房地产项目逾期交付风险的重任和"保交楼、保稳定、保民生，为民生工程补短板"的使命责任，将利用各种资源和自身优势，加快成为以市政公用工程为强势主业、建筑工程和水利水电工程为突出专业、相关业务多元协调发展的"市政＋N"一体化综合服务商。

3.16.2 数字化应用情况

一恒建设高度重视数字化转型工作，实行"一把手"负责制，建立工作专班推进机制，统揽公司数字化转型推进工作，切实推动数字化建设取得新进展、实现新突破。围绕公司主营业务，已展开"项企一体化""业财一体化""BIM＋智慧工地一体化"等数字化应用，如数字展厅、智慧工地管理平台、云平台、综合项目管理 ERP 系统、OA 系统、BIM 技术应用等；预计 3 年内打造完成数据"集装箱"、企业集中管控数字平台等。

数字化转型投入方面，自公司成立以来，已投入数字化建设资金近 1000 万元。数字化管理组织机构建设方面，数字化转型工作由公司副总经理直管，由公司工程管理部（科技研发部）负责推进、其他职能部门协助。

3.16.3 数字化应用特征

一恒建设不断推进创新技术应用，激活数据要素潜能，依托健全管理体系，夯实数字化转型基础，面向岗位生产效率提升、企业运营效率提升、客户满意度提升的根本诉求，以数字化能力回归业务场景为核心，提升一恒建设核心竞争力，促进生产经营全面升级，实现企业高质量发展。

国资委《国有企业数字化转型行动计划》提出了国有企业数字化转型的四项基本原则，即：业务引领、技术牵引，整体推进、重点突破，数据驱动、安全可靠，开放共享、合作共赢。一恒建设遵循上述四项原则，结合自身经营战略，确立了数字化转型的四大关键认知，引领转型方向。一是从统一规划出发。数字化全方位服务于企业整体组织和管理体系，数字化发展规划务必与企业发展规划高度统一，确保协同适配。二是从核心业务着手。数据源头在业务，从一线业务、核心业务着手数字化建设，并通过试点推动、管理牵引等手段保障系统架设成功并能深度应用，形成高质量的数据源，并进而能以高质量数据驱动管理优化，响应企业各层关切并实现价值兑现，牵引数字化转型全面、高质量推进。三是以平台化建设为支撑。将业务管理形成相对独立的业务模块，对接至囊括数据服务、集成开发服务的平台底座，通过平台实现各业务的统一数据管理；在数字技术以及业务、管理能力持续迭代过程中，实现业务模块敏捷迭代，而平台维持稳定，保障企业实现高效低成本系统升级适配。四是与战略伙伴合作共赢。企业数字化转型是长期的、延续性的工作，返工成本难以估量。一恒建设摒弃故步自封，秉持开放心态，广泛调研对标，坚持价值导向，持续与行业内有技术核心积累、有业务深厚沉淀的供应商进行战略合作，保障实现数字化转型的同时，孵化自身数字化团队和能力，实现共创共赢。

3.16.4　数字化价值认知及存在问题

对数字化建设的价值认知：价值一，运用"云、大、物、移、智"等新一代数字信息化技术，通过数字化技术手段，以高效感知、获取业务活动数据，实现数字基础资源的沉淀和业务数字化，进而支撑数字化的管理方式和生产方式，提高基层执行和反馈的效率，规范公司的基础管理工作，使企业管理集中化，增强企业的市场竞争能力。

价值二，聚焦数字化驱动，使企业各级组织的各项职能业务协同，如公司经营管理、财务管理和项目部的项目管理等。着力提升全过程精细化管控能力，依托数据的上下贯穿，实现业务整个条线的管理穿透，塑造标准化、合规化的高效能条线管理，强调风控前置和管理闭环，为管理层监督和管理工作提效。

价值三，实现数据综合服务，通过"采数据、存数据、管数据、算数据、用数据"等数据应用全域能力，实现核心业务系统核心主数据类型的高质、高效、高标准抽取和汇聚，为数字化转型打造数据同源、效率提升，数据同标、质量提升平台，进而开展数据融合，应用深化，实现管理系统条线间的协同。

价值四，实现大数据支撑下，企业的管理逻辑向灵活敏捷的 CADEM（收集、分析、决策、执行、管理）模式演进，实现更精细精准的管控，并将管理从事后推向事前、事中。

价值五，有针对性地改善公司的相关业务流程，促进公司管理机制的合理化，完善相应的管理职责和考核体系，促进管理工作的规范化，转变公司员工的思想观念，提高工作水平，增强企业核心竞争力；另外，信息共享透明度的提高，使各相关业务部门之间的协作性增强，进而形成一种互相促进、互相协作、互相监督的工作氛围和良好的工作状态，提高了全员的责任心、思想认知和工作素质。

数字化面临的问题：一线业务数据归集难、过程管理数据追踪难，是当前数字化面临的一大问题。一是业务信息收集存在多头收集、人工收集、重复收集的情况，费时费力，业务数字化感知效率低；二是工程业务一线数字化工具应用程度不高，业务数据获取准确率、完整性得不到保障；三是人力管理等条线暂未实现线上作业。

此外，数据孤岛、管理割裂、决策管控缺乏系统支撑的问题，同样亟待解决。一是各系统以各自业务为导向割裂式建立，数据处于孤立获取阶段，存在典型的数据孤岛，系统内数据尚未实现贯通；二是系统间数据无法贯通，管理协同困难，管理层、决策层无法获取全面的数据支撑，存在决策风险。

从长期来看，业务数据共享难、数据资产积累难的问题也不容忽视。一是虽然初步规范了数据标准，但主数据质量有待提升，数据分散，缺乏汇总与共享；二是各项数据标准基本是按条线分立，关联业务数据没有进行统筹的规则设计，普遍存在口径不一、标准不一的情况，给各条线业务协同造成了门槛和制约，导致各部门数据重复填报且沟通信息失真现象普遍存在；三是业务数据的采集、加工和沉淀缺乏有效的内在体系支撑，数据量、数据标准化结构化程度、数据质量难以保障，数据无法抽象为知识、沉淀为能力、兑现为价值，进而形成有效的资产化积累。

3.16.5　企业数字化建议

充分发掘企业内部的数字化潜力。对企业内部丰富的数据和信息采用数据分析、云计算等技术完成数字化转型，对这些数字化潜力加强分析和挖掘，从而提高数字化转型的成功率。

建立数字化转型的长期规划和战略。确定数字化转型的长期规划和战略、数字化转型的目标、路径和时间表等。数字化转型需要从企业的核心业务开始，活用技术和数据，使核心业务更具竞争力。在数字化转型的过程中，应该注重实现短期成功和长期价值的平衡。

制定系统化的数字化转型方案。数字化转型不仅是技术和数据的变革，同时还涉及组织架构、流程的调整，因此需要制定系统化的数字化转型方案，考虑技术、组织、流程和文化等多个方面，确保数字化转型的整体与局部能够协调配合、推动升级。

提升员工数字化素养和能力。企业进行数字化转型需要全员参与，因此要加强员工的数字化素养和能力培养，提高对数字化转型的理解和应用能力。应在企业内部开展相关的培训和知识普及活动，建设数字化转型智库、线上课程等。

加强风险管理和信息安全保障。数字化转型过程中需要考虑各种风险如信息泄漏、系统被攻击等，应加强信息安全保障措施，建立健全信息安全管理体系与流程。只有保障了数字化环境的安全，才能有效保障企业的数字化转型。

3.17 中国核工业二四建设有限公司数字化转型应用情况调研

调研对象名单

李　兵：中国核工业二四建设有限公司副总经理

范桂斌：中国核工业二四建设有限公司副总工程师

叶　勇：中国核工业二四建设有限公司数字信息部主任

史成龙：中国核工业二四建设有限公司数字信息部高级主管

马利鑫：中国核工业二四建设有限公司数字信息部高级主管

3.17.1 企业基本情况

中国核工业二四建设有限公司成立于 1958 年，隶属于中国核工业集团有限公司，是我国组建最早的从事核工程及国防工程建设的综合建筑企业，是我国核事业、国防事业、经济建设的国家队和主力军。公司具备完整的核质保体系，具有核工程建设、核电群堆建设、国防工程建设和高大特难尖工程建设的管理能力、技术施工能力和科技研发能力；具有建筑工程施工总承包特级，电力工程、钢结构工程、核工程、地基基础、起重设备安装、消防设施工程、防水防腐保温、建筑装饰装修、建筑机电安装专业承包一级，公路工程、市政、石油化工等施工总承包二级等数十项资质。公司业务辐射京津冀及雄安新区、东部地区、中南部地区、西部地区四大区域，设有 8 个核心区域公司。2022年公司主营业务收入迈入百亿元大关；获得"鲁班奖"、国家优质工程金奖等国家及省级奖项 200 余项；获得 AA＋主体信用评级及 AA 级两化融合管理体系认证。

3.17.2 经营目标及数字化规划

"十四五"时期经营目标：公司致力于"打造国内领先的建设、投资、运营一体化的科技型工程公司"，到 2025 年实现营业收入 133 亿元，新兴业务规模增速不低于 15%，五大重点城市群合同额占比提升至 80%，工程总承包模式业务占工业与民用业务 25%以上，新拓展市政、基建、工业、安装、新能源等业务各建成 3 个以上标志性工程。

数字化规划：公司数字化顶层设计包含"十四五"网络安全与信息化专项规划及数字化转型工作方案，结合上游专项规划及数字化转型纲要要求，承接公司"十四五"战略规划任务，并经外部专家评审报上游单位审核后按程序发布。数字化工作目标为：持续完善网络安全与信息化体系，深入推进"两化融合"。以数据为中心，以风险管理为核心，以履约管理为主线，通过"一个平台、零个二级以上网络安全事件、两类数字化能力、四个一体化、N 个应用"的"1024＋N"网络安全与信息化发展战略，强化公司生产经营数据获取与应用的能力，优化资源配置效率，提升核心竞争力，达到精益建造的水平。

3.17.3　数字化建设重点

2022 年公司主要经营指标创历史新高，首次突破百亿元大关，重大工程取得阶段性胜利，市场开发取得了新的突破，改革三年行动高质量收官，安全质量管理水平持续提升，"精细化管理年"专项工作扎实落地，防范化解风险能力进一步提高，解决历史遗留问题成效显著，回款情况良好。

党的二十大报告确定了核电安全有序发展的总基调，核电已迎来新一轮批量化建设战略机遇期。结合市场形势和任务划分，公司核电实现高质量发展可充分依托核电规模效益，公司核电市场份额要以公司目前的市场占有率 20% 为基准线，朝着 25% 及更高目标奋进。基于此目标规划，到 2030 年公司将新增至少 13 台机组，公司在 2025 年要具备同时建设至少 12 台机组的能力、2027 年前后要具备同时建设至少 15 台机组的能力。

2022 年公司持续优化网络安全防御体系，加快推进大数据、人工智能、数字孪生等新一代信息技术应用，以信息技术、数字技术赋能精细化管理；贯彻数据治理方法论，推进基础数据标准化、业务报表在线化、全局数据共享化；逐步推进智能建造与建造工业化协同发展；深入挖掘数字化转型场景，以数字价值赋能高质量发展发布主数据管理办法并提供 20 项数据服务，强化数据治理能力；发布《2022—2024 信息化数字化科研申报指南》，系统谋划创新路径；开展项目生产经营数字化转型，实现一个平台支撑"核"与"非核"两类项目；将下游供方纳入公司数字化转型生态圈，实现数据采集向外延伸；启动核电精益建造管理平台建设，中国核建示范应用统一协同工作平台落地；3 名数字员工上线运行，遴选 6 个数字化转型试点示范项目培育，获省部级科技进步一等奖 1 项；成功获得"两化融合"管理体系 2.0 认证。

2023 年公司统筹网络安全和数字化转型，强化既有系统应用和数据积累，完善 IT 治理能力确保价值发挥，深挖数据支撑风险管控和管理决策，引导各领域培育转型场景共绘数字化版图。扩容提速数据中心，智能监管机房集群，重点值守敏感时点，切实铸牢"安全底座"；"i 核建"办公平台实现全员高效沟通、移动办公；经营平台建设 270 项功能、固化 556 类流程、生成 144 张报表、内置 132 个管控点、集成 11 个异构系统。生产平台一阶段核电项目同步上线，表单信息化率超 80%；"业财税资一体化"全面应用，合同、支付、税务、资产等要素有效融合；人力、财资"汇数入仓"，发布成本、资金、研发、安全、劳务等数据服务；新增 10 个场景、上岗 5 名数字员工、上线数字客服，智能车间、仓储启动建设；绘制流程管控创新优化蓝图、明确目标，六步骤再造优化，物资流程简化 1/3 节点；业务 IT 一体化团队实施 59 项应用，获评 AA 级"两化融合"体系认证、省部级优秀成果 3 项。

数字化组织结构：公司设网信领导小组作为公司网络安全、信息化建设与数字化转型工作的领导机构，公司党委书记、董事长担任组长。2021 年公司新设数字信息部，致力于推进信息化和数字化转型，公司核心业务信息化、数字化覆盖图见图 3-1。数字信息部标准配置 6 人，各单位设置专职信息化人员，网信人才 39 人。

数字化投入情况：2017～2022 年公司网信工作累计投入 3500 余万元（不含人力成本），其中，硬件成本占比 20%、软件成本占比 60%、运维成本占比 20%。

3.17.4　数字化应用情况

数字化应用领域：公司贯穿设计、施工、运营产业链，通过智能决策、全面风险、全面预算应用培育数字大脑，围绕数字化生产、数字化项目管理、数字化企业管理搭建数字躯干，通过数字工装、智慧工地、数字平台等数字抓手采集数据、执行指令，规划并定稿公司核心业务信息化、数字化"三纵三横"细化蓝图。

OA 系统 2005 年开始运行，实现统一系统入口、待办待阅、信息推送功能。正在开展统一协同工作平台建设，推动"全员沟通协作，全员移动办公，全业务统一入口办理"，逐步连接全员全业务。

人力系统 2017 年开始运行，包含人员信息、人员调动、人员合同、考勤管理等模块。财务系统 2017 年开始运行，实现财务核算、费用控制等全程电子化，与项目管理、集采、银行等系统进行集成，实现"业财税资一体化"应用。集采系统 2017 年开始运行，使用集团 SRM、ECP，实现物资类、工程类、服务类线上招标采购。

BI 系统，整合人力、财务、采购、项目等数据，建立不同业务领域专题数据库，提供成本盈亏分析、项目收支综合分析、材料价格分析、"一利五率"、MKJ 考核指标、研发投入、安全投入、劳务出勤等数据服务。

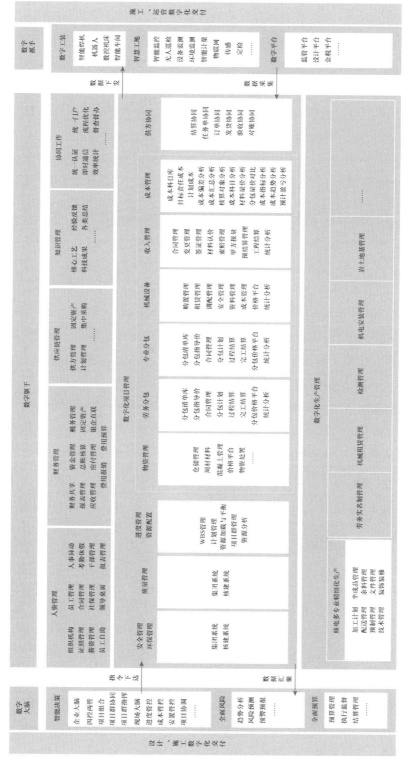

图3-1 公司核心业务信息化、数字化覆盖图

自建核电项目管理系统，面向核电建造项目管理全过程，包括多项目的进度、物资、成本、预结算、承包和分包、质量、安全等业务监管模块，以及文件管理、物资管理、加工计划管理及半成品管理、混凝土管理、预埋件管理、变更管理、钢结构管理、焊接管理等现场施工管理模块。正在以"人人从平台实时获得指令、工作成果能快捷反馈平台"为目标，确保"生产组织、协调、实施、移交闭环，生产管理与经济管理闭环"，系统性规划建设并全面推广数字躯干——新一代核电工程精益建造管理平台。

自建商务成本管理系统，通过项目管理数字化，强化业务管控红黄线预警能力建设，从计划、执行、检查到预警、优化改进形成数据闭环，确保项目各管理层对潜在风险耳清目明。贯穿"市场开发—项目策划—项目实施—项目交付"全过程，围绕项目管理精细化，系统性重塑项目管理经济线业务，提供 270 个功能模块，固化 556 类业务流程，生成 144 张业务报表，内置 132 项管控点，集成 11 个异构系统。

自 2009 年开展 BIM 技术应用以来，累计实施 50 余个项目的 BIM 深度应用，实现了基于 BIM 技术的核电工程钢筋深化设计，建立了国内主流堆型核电钢筋标准文件、型钢材质库等一系列具有自主知识产权的资源；在核建行业实现了 BIM 与钢筋自动化加工设备的数据共享与交换，率先将数字化建造技术落地，对民用项目应用 BIM 开展企业经营管控，强化风险预控和过程动态管控。

数字化应用成果：逐年开展数字化转型试点示范项目培育，遴选预制构件数字化加工车间、钢筋自动化加工生产线及智能配送等 16 个项目予以资源支撑和技术指导，累计获得省部级科技奖 40 余次。公司还自建了档案、资产、科研、绩效考核等系统。

数字化存在问题：目前存在数据质量不高、业务技术双轮驱动不明显、各类系统人机交互不佳，以及用户工作习惯改变难、各层级转型意识不强、认识水平不高的问题。

3.17.5 企业数字化建议

对于行业主管部门、行业协会：建议切实开展行之有效的数字化转型成熟度评估以及相关成果评价活动，提升数字化转型相关科技奖项的水平。组织开展数字化转型同行评估和高质量对标交流活动，以真正产生价值的案例引导行业健康发展。

对于业主方：应充分认识到建造阶段的质量就是运营阶段的基石，加大对产业链各方数字化转型的支持力度，针对切实有效的转型成果给予资源激励，牵头开展数字化转型成效再次分配，有效提高产业链供方协同转型的积极性，避免投入多的单位享受不到最终效益。

对于软件商：应扎根基层、服务一线，不要好高骛远，将规划当成成果，扰乱行业生态，带偏产业链各方技术路线和期望。应以切实有效的产品、服务为行业提供货真价实的新技术、新产品；同时协同产业链提前布局信创产业，杜绝以套壳、打磨的方式骗取国家科研经费。

对于同行：应协同产业各方共同开展研究、创新、试点示范、推广应用，降低投入、共享成果，提升行业数字化整体水平和转型成果质量。切忌从宣传的角度夸大成果价值，否则很容易造成同行决策层错误认知和决策。

3.18 山西建投物资贸易有限公司数字化转型应用情况调研

调研对象名单

刘建伟：山西建投物资贸易有限公司总经理

吴　健：山西建投物资贸易有限公司副总经理、信息化分管领导

刘　涛：山西建投物资贸易有限公司平台研发部部长

张　鸿：山西建投物资贸易有限公司电商事业部经理

3.18.1 企业基本情况

山西建投物资贸易有限公司（以下简称"山西建投物贸"）成立于2022年，注册资本5亿元，是山西省国有企业，隶属于山西建设投资集团有限公司（以下简称"建投集团"），是建投集团物资集中采供的实施主体。

山西建投物贸现有在册在岗员工150人，总部设6个职能部门，下设6个事业部、2个全资子公司、3个区域公司。山西建投物贸以"大力发展建投集团贸易板块"为战略方向，以"供应链管理＋金融服务业务"双轮驱动为战略布局，围绕建投集团建筑主业，构建以"业务交易为主体，仓储物流为配套，金融服务为支撑"的完整系统化的供应链贸易运营体系，布局了大宗贸易、混凝土贸易、国际贸易、电商贸易四大"业务板块"和仓储物流服务、租赁服务、供应链金融服务三大"服务板块"，贸易业务与服务业务互为支撑，相互融合发展，形成供应链管理的闭环运行体系。其中仓储物流、电商、国际贸易"补链"建投集团产业空白，进一步完善建投集团"全产业链运营"体系，形成建投集团"贸易板块"坚实的发展基础。

2022年山西建投物贸合同额197.92亿元，营业收入102.9亿元。目前已成功为建投集团内部近40家二级单位、1600余个项目及中建、中铁、中铁建等央企、国企提供物资供应服务，日供货量达7000吨，年产值达200亿元。山西建投物贸集建材贸易与电子

商务服务于一体，坚持"诚信为本、服务至上"的经营理念，以实体经济为主体、以产业集群为载体、以产业链条为纽带、以数字经济为引领，致力于打造成为集全数字化交易平台、高效廉洁的经销商与客户服务平台、供应链金融平台为一体的建投集团物资贸易供应链生态体系。

3.18.2　数字化建设重点

山西建投物贸作为建投集团物资集中采供的实施主体，主要为建投集团各单位提供物资采供服务，降低物资采购成本。工作重点是围绕供应链管理"四流合一"和建投集团全产业链供应链运营，布局大宗贸易、混凝土贸易、国际贸易、电商贸易四大"业务板块"和仓储物流服务、租赁服务、供应链金融服务三大"服务板块"。补充建投集团在仓储物流、电商、国际贸易方面的产业空白，进一步完善集团"全产业链运营"体系。同时，山西建投物贸通过推进数字化建设，不断提高生产效率，降低成本，提升企业的管理水平，优化内部流程，提高客户满意度，以保持竞争力。通过引入先进的信息技术，打造数智化业务平台，优化流程，重点建设大宗数智交易平台、电商平台、智慧物流平台，形成贸易业务供应链全流程数字化。

数字化应用重点： 山西建投物贸主要业务是建投集团所属各单位的物资采购业务，根据建投集团要求和项目实际需求，重点针对不同的业务进行数字化建设及应用。

钢材、混凝土、电线电缆等大宗材料的采供工作，交易量大，规模效应明显，通过与厂家建立合作，通过集采在价格调控上保持了明显的市场优势，但同时带来了大量的计划、配送、收货、结算、开票、付款等工作；通过建设大宗数智交易平台，有效提高了工作效率，实现了流程化管理与全程服务留痕合规。

零星材料的采购具有品种繁多、计划差、周期短、多次少量、标准化程度高的特点，山西建投物贸为此建设电商平台，遴选优质供应商，整合供应商资源，发挥规模化采购优势，采购方无须进行采购计划、寻源等业务流程，可直接在商城中选购商品，下单完成后，供应商进行直接配送，采购方验收即可，如此提升了采购效率，为集团所属各单位提供了高效、便捷的服务。同时，电商平台凭借自身积累的海量交易数据和真实交易场景，与金融机构合作为采供双方提供供应链金融服务，缓解采供双方资金压力。

智慧物流平台是集信息发布、线上交易、全程监控、金融支付等功能为一体的专业现代化网络货运平台，该平台与大宗数智交易平台打通，主要为建投集团集采业务提供大宗物资的物流服务，同时为社会零散货物、闲置车辆、司机提供车货匹配服务。通过数字化技术实现对供应链的实时监控和管理，提高供应链的稳定性和效率。

　　数字化组织结构：由于数字化组织结构需要更多的复合型人才，需要多部门的协作和配合，山西建投物贸在内部组织结构上成立了平台研发部，作为信息化主管部门，推进数字化建设，各事业部根据业务需求配置技术人才，数字化相关专业人员共计 15 人。同时，借助建投集团内部云数智、静态交通等高新技术公司技术力量的支撑，平台合作的承建软件方技术人员入驻公司，外部技术支撑人员达到 30 余人，数字化组织结构更加灵活，能够快速响应业务的变化，确保平台安全、稳定运行与业务需求的实现。

　　数字化投入情况：目前，山西建投物贸累计投入约 800 万元用于数字化系统的建设和维护。其中，软件研发成本占比最大，其次是人员成本。随着业务的不断拓展和升级，山西建投物贸将持续对数字化建设进行投入，重点从基础设施建设和系统开发逐步转向数据分析和智能化新技术应用。

3.18.3　数字化应用情况

　　数字化应用领域：山西建投物贸主要业务分为大宗贸易、混凝土贸易、国际贸易、电商贸易四大"业务板块"和仓储物流服务、租赁服务、供应链金融服务三大"服务板块"。大宗贸易、混凝土贸易和国际贸易业务流程全部通过大宗数智交易平台实现线上数字化，包括计划、配送、收货、结算、开票、付款全流程；目前正在向建投集团所属单位及供应商推广应用，逐步实现供应商、采购商、贸易商三方供应链线上闭环，平台通过向金融机构申请信用额度为采购商提供资金账期服务。电商贸易主要为建投集团所属单位提供零星材料的便捷采购，同时与建投集团旗下晋建国际商业保理（珠海横琴）有限公司合作，推出"白条"产品，为建投集团各单位提供 6 个月免息融资用于电商采购，也为供应商资金的快速回笼提供保障。大宗、混凝土业务自提物流通过与智慧物流平台打通，实现物流的管控。租赁服务利用购买的租赁数字化平台服务实现物资的库存和流转管理。另外，山西建投物贸的办公和账务系统，应用建投集团统建平台实现日常办公流程和财务记账结算等业务。

　　数字化系统情况：为打造一个全面的数字化体系，山西建投物贸已经建立了三大数字化平台，即大宗数智交易平台、电商平台、智慧物流平台，这些平台有效地提高了运营效率和管理水平。

　　大宗数智交易平台，以公司物资集中采供为建设背景，主要服务于公司物资采购、供应业务，通过平台，采购商、山西建投物贸、供应商三方线上协同办公，应用数据共享、线上审批、线上对账、系统计息、风险控制、智能预警、自动报表生成等信息化手段，将采销全业务流程在线上完成，让数据多跑路，人员线上审批，实现采销协同及业财管理一体化。目前已经全面实现客商管理、合同管理、计划单管理、订单管理、结算管理、计息管理、收付款管理、进销项票管理、定制报表管理等业务全流程线上办理、线上管控，实现了阳光交易、合规管理、精准内控的安全管控需求。

电商平台，针对 B 端和 C 端客户，布局企业商城和个人商城，满足不同用户的采购需求。平台主营建筑材料、装饰材料、家居家电、福利产品、办公用品、生活用品等零散采供，目前上架产品达 50 多万个，累计服务项目 1200 多个。平台对外已与电子签章系统、税务开票系统和网银支付系统链接，在商品管理、订单采购、在线支付、供应商发货、采购商收货、对账结算、在线签署、在线开票等整个采购流程上实现全线上闭环管理。电商平台全线上闭环、留痕，审计有迹可循，符合企业阳光采购的要求，下单即可纳入集采指标考核。平台有多种支付方式可选，重点支持"白条"支付，解决项目资金短缺的问题。平台已入驻多家供应商，市场化程度高，可有效降低采购成本。

智慧物流平台是以网络货运经营者身份运营的专业现代化网络货运平台，主要功能包括信息发布、线上交易、全程监控、金融支付、咨询投诉、在线评价、查询统计、数据调取等。该系统主要为钢材、混凝土等大宗物资自营业务贸易提供物流服务，同时为社会零散货物、闲置车辆、司机提供车货匹配服务。可以为司机、货主企业、快递等物流企业提供普惠、开放、统一标准的公共服务，并利用信息技术、物联网等积累物流大数据、完善物流诚信体系、规范物流业务和市场秩序，形成新的公路物流行业生态圈，净化和改善公路物流行业现状。

数字化应用成果：通过数字化平台的建设与应用，山西建投物贸业务流程基本全部上线，实现了减员增效，运营成本得到了有效控制。信息技术的应用，使供应效率和服务水平得到了显著提高，同时通过规模效应与集采优势，为建投集团各单位降低材料采购成本，达到集采集供工作降本增效的目的。山西建投物贸的整体业务规划与数字化模式，得到了业内广泛的认可和应用，为行业的发展提供了有益的借鉴和参考。在科研成果方面，山西建投物贸已经申请软件著作权 4 项。

数字化存在的问题：第一，数字化平台的应用程度并未完全成熟，目前存在较为突出的问题，是平台间基础数据的治理与统一。未来山西建投物贸将以更高的站位布局，着手进行各专业平台间的相互融合，实现互联互通、数据共享。第二，数字化转型需要全员的参与和配合，但一些员工对数字化技术的理解和应用还存在不足，因此，人才的培养和引进是当前的重要任务之一，山西建投物贸需要加强对数字化人才的培训和教育，吸引更多的优秀人才加入团队。第三，山西建投物贸的数字化应用还需要进一步扩大影响力，为行业的发展提供更多的经验和借鉴。山西建投物贸将继续加强数字化应用，提高企业的竞争力和可持续发展能力。

3.18.4　企业数字化建议

对于行业主管部门：希望能够继续关注和支持企业的数字化转型，为企业提供更多的政策支持和行业指导；同时，也希望协会能够加强数字化标准的制定和推广，为行业的发展提供更多的规范和保障。

对于业主方：山西建投物贸期望能够提供更多的合作机会和资源支持，帮助扩大市场份额和提高竞争力；也希望客户能够理解并支持数字化转型，给予山西建投物贸更多的时间和空间去适应和改进。

对于软硬件服务商：希望能够提供更加优质的服务和支持，包括系统的稳定性、安全性、易用性等方面，与企业合作进行新兴技术的研发与应用。

对于同行：对于同行，建议加强合作与交流，共同推动行业的发展和进步；在数字化应用方面，企业间可以相互学习、相互借鉴，共同提高行业的整体水平。

3.19　山西省安装集团股份有限公司数字化转型应用情况调研

调研对象名单

王利民：山西省安装集团股份有限公司党委书记、董事长

梁　波：山西省安装集团股份有限公司总工程师

宋文帅：山西省安装集团股份有限公司 BIM 信息技术研究院执行院长

王海亮：山西省安装集团股份有限公司 BIM 信息技术研究院副院长

王戌峰：山西省安装集团股份有限公司 BIM 信息技术研究院副院长

刘向东：山西省安装集团股份有限公司 BIM 信息技术研究院研发总监

3.19.1　企业基本情况

山西省安装集团股份有限公司始建于 1952 年，前身为建工部第八工程局第二安装公司，是国家高新技术企业，中国建筑业竞争力百强企业，山西省十强骨干建筑业企业，是集"设计咨询、投资建设、建筑施工、构件制造、运营维保"于一体的大型国有控股建筑安装企业集团；是全国首家市政公用、石油化工工程施工总承包双特级，市政、化工石化医药行业设计双甲级资质企业。

2022 年，集团新签合同额 370 亿元，其中：设计咨询类 2.6 亿元、投资建设类 28

亿元、建筑施工类 308 亿元、运营维保类 18.2 亿元、建筑工业化类 13 亿元；省内 148 亿元、省外 185 亿元、海外 37 亿元；市政类 76 亿元、化工类 70 亿元、新能源类 109 亿元、其他类 115 亿元。（以上数据为约数）

集团现有员工 3304 人，其中：集团骨干型员工即 31~45 岁员工 1552 人，占比 46.97%；大学本科及以上学历员工 2088 人，占比 63.20%；拥有中高级职称人员 1518 人，占比 45.94%；各类注册师 1388 人，占比 42.01%。集团人员队伍逐步形成了年轻化、高学历、专业能力强的特点。

近年来，集团围绕项目全生命周期管理和产业链延伸，积极构建精益建造体系，打造"标准化设计、工厂化预制、装配化施工、数字化管理、智能化运维"的"五化"精益建造模式。通过设计优化减少多余工序，提高工程品质；通过全过程质量管控，保障产品质量；通过工序合理穿插，控制关键工期节点，提高工作效率；通过新技术系统性应用，整合优质资源，消除无效成本；通过大数据分析推动项目运维更加智能，从而实现项目全生命周期精益建造模式落地见效。

3.19.2 经营目标及数字化规划

总体经营目标：2025 年末，集团实现"52247"目标，即新签合同额 520 亿元，营业收入 240 亿元，利润总额确保 7 亿元，力争 10 亿元；主营业务具备较强的市场竞争力，转型业务能力成熟，形成 10 项以上优质资产；建筑施工、转型业务营业收入结构比为 8：2；利润贡献结构比为 2：8。

数字化顶层设计情况：制度建设方面，2021 年末完成区域协同的标准化管理制度建设；2022 年末完成价值链融合的标准化管理制度建设；2023 年末完成多专业协同的标准化管理制度建设；2024~2025 年，对标准化管理制度实现系统更新。系统建设层面，2021 年末以综合管理系统、集采平台等数据为基础建设数据处理中心，初步完成商业智能决策系统开发；2023 年末，分解综合管理系统的项目管理模块，结合 BIM 应用平台建设，完成项目管理平台建设；2025 年末，完成集团层和分子公司层两级业务平台建设，商业智能决策系统实现切实有效的管理与决策支撑。

3.19.3 数字化建设重点

当前重点工作：以推进公司整体数字化转型为目标，强化信息化顶层设计，建设统一信息服务平台所需的管控组织、管控流程；完善业务标准化体系，结合 BIM 应用平台建设，扩大管理信息化应用范围；升级现有信息系统，打通各职能管理模块、各层级间业务系统接口，消除数据孤岛，实现业务互联互通，加快推进企业数据分析系统建设，促进管理信息化向管理数字化转型。

数字化应用重点：在战略定位层面，首先是实现管理的数字化，搭建数据大脑，构建共享平台，推动信息系统升级、财务共享平台建设、数据资源整合，实现管理数字化、"业财资税一体化"，积累数字资产；然后是实现工程的数字化，结合产业数字化、城市数字化运营等技术，推进工程数字化，并培育数字工程、智能升级、融合创新等服务能力，提升 BIM 全过程应用服务能力，通过实体项目历练积累项目管理和技术经验，不断总结提炼 BIM 技术在项目全生命周期应用产生的价值，提升 BIM 咨询师的核心竞争能力。

在具体思路方法层面，第一，健全数字化建设人员培养机制，打造 BIM 技术人员交流平台、学习平台、任务发布平台，将 BIM 技术融入企业文化战略中，营造"比学赶超、应用为王"的浓厚热烈氛围；第二，打造项目全过程数字化建造平台，大力推动 BIM 技术在项目全生命周期的深入应用，实现工程建造全过程各环节数字化、网络化和智能化的新型建造方式，打造极具市场竞争力的建筑业信息化品牌，助力集团高质量发展；第三，储备数智化前沿技术，结合集团战略发展，积极对标和了解前沿技术，储备核心技术资源，提升自主研发能力和水平，及时为集团业务发展提供助力；第四，升级现有信息系统，打通各职能管理模块、各层级间业务系统接口，消除数据孤岛，实现业务互联互通，加快推进企业数据分析系统建设，促进管理信息化向管理数字化转型。

面对集团数字化转型要求，按照统一规划、统一建设、统一标准的原则，完成了泛微协同办公管理信息平台的实施工作，并与综合项目管理信息系统进行深度融合，实现了单点登录、统一集成、待办推送、数据共享等功能；完成了 I8 财务管理信息系统升级实施工作，对 I8 系统升级改造需求进行了多次优化，形成了系统性解决方案，完成了业务系统、财务系统、税务系统（发票）、财务共享平台的业务调整、表单整改、接口互联互通等工作，打通了数据流、信息流、资金流，助力集团实现了"业财一体化"管理目标。

数字化组织结构：集团现有 402 人从事信息化的研发及管理工作，其中：系统设计团队 5 人，系统研发团队 57 人（其中外包团队由智恒永信、思源时代、新中大组成），系统运维团队 6 人，平台推广人员 15 人，信息化培训团队 2 人，分子公司 BIM 工作组及信息系统运维人员 300 余人。

数字化投入情况：截至 2022 年，企业数字化总投资为 4842.76 万元，资金来源于自有资金，其中：营业成本 682.57 万元、管理费用 2469.33 万元、研发费用 1623.13 万元、财务费用 66.56 万元、税金及附加费用 1.18 万元（以上统计为约数）。生产研发办公场地面积达 3858.81 米 ^{2}，包含必备的软硬件产品 69 套以上。在现有专项数字化转型研究与开发经费数额的基础上，将加大投入，并坚持"前期费用预算管理、过程费用使用监督、结算费用成果评价"的原则，保障资源投入的有效性和高效性。

3.19.4　数字化应用情况

应用领域及情况：集团围绕项目全生命周期管理和产业链延伸，形成了集"设计咨询、投资建设、建筑施工、构件制造、运营维保"于一体的完整产业链，积极构建"标准化设计、工厂化预制、装配化施工、数字化管理、智能化运维"的"五化"精益建造体系，打造了基于机电项目的 BIM 全生命周期数字化建造平台,实现施工现场全构件化、全装配化信息追踪，助力项目在安全、进度、质量、成本等方面精细管理能力的提升，让 BIM 技术成为提升企业竞争力的有利抓手。打造了上海地铁 14 号线静安寺站项目、潇河新城能源岛项目、武宿机场三期改扩建项目、山西金能动力站项目等多个 BIM 应用项目示范样板。

运用数字化手段，助推集团以"现代工程服务商"引领、"绿色能源供应商""低碳项目运营商"赋能的"一核两翼"战略构想的实现。通过"BIM 协同设计平台"提升工程在绿色低碳方面设计深化、优化的效率和效果，采用新技术、新工艺、新方法不断优化工艺流程，加强全产业链低碳技术集成耦合、低碳工艺流程升级、重点领域效率提升等过程中减排关键技术的应用，植入装配式设计理念，通过 PC 构件、机电等装配式设计、工厂化生产，减少施工周期，降低建造成本，实现低碳、绿色施工，从源头上确保低碳产品设计，推动建筑产业化发展。通过"BIM＋数智建造协同管理平台"和"智慧工地平台"等平台应用，实现项目全装配式和全构件化信息跟踪，辅助施工现场生产要素的统筹调度管理，助力项目精细管理能力提升，实现项目施工过程的绿色降碳。加快信息技术与工程业务的深度融合，通过大数据、物联网、人工智能等技术，结合集团在风电、光伏、生物质发电、垃圾发电、地热能、氢能等能源领域的专业优势，围绕分布式能源应用技术及冷、热、水、电、汽、固综合供能等一体化技术方案，运用智慧管控平台打造低碳、安全、高效、智慧的清洁能源供应综合解决方案，探索研究 BIM、CIM技术融合及数字孪生技术，实现智慧建筑、智慧园区和智慧城市等的持续迭代升级。

数字化系统情况：全面建设"五个一"工程（一个企业数据云平台、一套数据标准治理体系、一个大数据智慧运营中心、一个全产业链协同管控平台、一支高素质数字化人才队伍），打造"四个能力"（工程项目正向协同设计能力、工程项目全过程投资建设能力、工程项目集约管控能力、工程项目数字化交付能力），助力集团数字化转型，建设集团数字生态。

　　围绕集团"五位一体"产业链布局建设的信息化软硬件体系，涵盖基础设施层、数据存储与计算中心、数据开放服务、全产业链协同管控平台、大数据智慧运营中心等多个层级，覆盖集团全部业务领域。信息化体系采用具备高度集成和拓展弹性的分层架构，以及应用开放互联和数据仓库技术的数据库管理体系，使系统之间实现业务集成和数据共享。

　　数字化应用成果：截至目前，有关数字化转型的主要技术成果有，省部级奖项 12 项、软件著作权 21 项、外观专利 1 项、发明专利 1 项、实用新型专利 7 项、BIM 类成果 90 余项，其中：一等奖 8 项、二等奖 17 项、三等奖 33 项。

　　数字化存在问题：集团数字化应用呈点状分布，体系化水平不足，各阶段产生的数据不能有效传递；办公智能化水平较低。究其原因，是集团管理标准化水平不高，相关数据库如标准库、风险库、预警库、造价库等不健全或结构化水平不高；业务自动化水平不高，导致业务管理效率较低；集团数字化人才短缺。

3.19.5　企业期望与建议

　　对于行业主管部门、行业协会：作为行业的管理者和监督者，行管协会在促进行业发展方面扮演着举足轻重的角色。为了积极推动行业的发展，协会需要加大对企业和行业的扶持力度，制定更为完善的行业标准，确保企业提供优质的服务。只有这样，协会才能更好地满足社会和企业的需求，为行业的可持续发展做出更大的贡献。

　　对于业主方：作为工程项目的出资方和最终用户，业主方在推广 BIM 技术方面起着至关重要的作用。为了更好地应用 BIM 技术，业主方需要全程参与，从项目的规划立项、招投标、施工过程管控到竣工交付，都要鼓励企业运用这一技术。同时，在项目前期，业主方还需要对需求进行全面梳理和分析，并提供充分的技术支持和配合，以确保项目的顺利进行和效益的最大化。

　　对于软件商：作为数字化软件的开发和实施主体，软件商在推动数字化转型方面发挥着核心作用。为了更好地服务客户和实现自身价值，软件商需要具备高水平的软件开发能力和实施服务能力。在项目实施过程中，软件商需要按时按质地完成项目任务，并保证软件产品的质量和安全性。同时，软件商还需要注重技术创新和自主研发，提升核心竞争力，以实现国产化、实用性、便捷性、整合性等目标，为推动行业的发展做出更大的贡献。

　　对于同行：同行作为同行业的竞争者和发展伙伴，在推动行业进步方面发挥着重要作用。期望各企业能够积极推动行业内的技术创新和业务拓展，共同制定和遵守行业规范，加强合作交流。通过相互学习、分享经验和资源，实现互利共赢、共同发展，为社会和企业创造更大的价值。

3.20　江苏省华建建设股份有限公司数字化转型应用情况调研

调研对象名单

王吉骞：江苏省华建建设股份有限公司副总经理

卢　达：江苏省华建建设股份有限公司工程管理部经理

刘成君：江苏省华建建设股份有限公司财务部经理

张　荣：江苏省华建建设股份有限公司信息中心主任

贾立吟：江苏省华建建设股份有限公司信息中心主管

3.20.1　企业基本情况

江苏省华建建设股份有限公司（以下简称"江苏华建"）是扬州市地方国企，全国首批 43 家房屋建筑施工总承包特级企业之一，除房屋建筑施工总承包特级资质外，还拥有机电安装总承包一级、市政工程总承包二级和 5 个专业承包一级资质，以及建筑设计甲级资质、房屋建筑工程监理甲级资质。自 20 世纪 90 年代起，江苏华建连续跻身"中国建筑施工企业百强""中国承包商 80 强"行列；多次获评"全国建筑业先进企业""全国优秀施工企业""全国建设系统精神文明建设先进单位"；持续位列江苏省建筑业"综合实力百强"和"竞争力百强"第一方阵；上榜"中国企业 500 强"，在 ENR 中国承包商 80 强排名中居第 21 位，在江苏省建筑业百强中位列第 4 位。江苏华建至今已获"鲁班奖"24 项、国家优质工程 21 项，并被授予全国"创鲁班工程特别荣誉奖""创鲁班奖工程特别荣誉企业""创鲁班奖工程突出贡献奖"等荣誉称号。

根据 2023 年 1～3 季度数据，江苏华建完成建筑业产值 281.1 亿元，其中普通房建占比约为 85%。企业总人数 1274 人。

管理层级分为总部、区域公司、工程处、项目部；经营模式为自营；江苏华建隶属于扬州建工控股集团有限公司，是国有控股企业，管控模式自上而下，管控力度相对适中。

江苏华建"十四五"经营总目标，到 2025 年收入达到 255 亿元，普通房建占比低于 80%，扬州建工控股进入中国企业 500 强榜单。

3.20.2 数字化顶层设计

建立统一的企业信息门户：利用 3～5 年时间，将各业务系统纳入统一的企业信息门户，包括现有的办公系统、财务系统、智慧工地平台、印章系统、企业邮箱，以及即将要上线的智慧党建、项目管理、人事管理等系统。实现数据之间互联互通，统一管理，方便使用，形成可查阅的各类智能数据报表。

以项目管理为核心：智慧工地平台在全公司的项目覆盖率达到80%以上，根据项目类别和要求选择实施项（视频、质量、安全、进度、物料、劳务等）。实现项目管理与财务、智慧工地、BIM 等深度集成，实现总部、区域公司、工程处及项目部穿透管理，统一项目的业务管理流程，覆盖管理的空白点，实现工程项目经营管理数据公开透明。

建立财务会计标准化管理：3 年内，"在总部建立资金结算中心，实现资金归集管理，统一调度，在资金支付、供应链管理方面实现高度的信息化与自动化"；5 年内，"实现应收付管理、税务管理、数据汇总与分析三个方面信息化与自动化"；最终目的是实现财务数据结构的完整和有效的信息披露。

数字化规划方式及目标：采用企业自身规划＋数字化供应商参与的方式，制定了通过数字化手段提高管理效率、优化资源配置、加强项目管理、提高信息共享与协作、强化风险管控、提升客户服务水平的规划目标。

3.20.3 数字化建设重点

当前工作重点：加强企业管控力，降本增效，开源节流，降低合同支付风险和财务风险。

数字化应用重点：进行信息系统建设，根据管理制度化、制度流程化、流程信息化、信息表单化的基本原则，将公司的各项制度固化在信息系统中，通过同一平台的数据标准实现系统间的信息集成、流程集成，通过同一平台的业务逻辑实现交付流程的标准化，并通过移动端、PC 端的多种消息提醒功能，将传统的依靠事务负责人的经验以及对企业管理制度的熟悉程度做事的工作方式，转化为事务驱动人去完成的工作方式。

通过对业务单据、审批流程、审批权限的规范，全面规范企业基础管理流程，帮助企业实现制度的实施落地。通过对不同业务数据的智能化关联、历史数据的自动统计分析等，实现智能办公，从而帮助企业优化工作岗位，全面提升业务审批效率。通过各种信息化的沟通工具，全面提高企业内部的协作、沟通效率，实现固定时间内更多、更广泛、更有效的管理沟通，且业务流程留痕，决策过程可追溯，以实现降低风险的过程管控。

数字化组织结构： 数字化组织结构与职能机构融合，总部设置信息中心，内设 2 名专职人员负责信息化总体构架，制定集团信息化、数字化发展战略规划，总部、区域公司其他职能部门设置兼职信息化岗位，负责提出本职工作信息化需求，配合调研、试用、对接开发。

专职信息化人员的职责包括：负责集团信息化和数字化管理制度、流程和标准规范的编制、修正；负责集团信息化、数字化项目的组织、协调、实施和管理工作；负责集团各信息系统、IT 基础设施、官方网站的建设和运维管理；负责集团网络、信息系统和数据的安全管理；负责集团信息化、数字化应用档案管理；负责集团 IT 资产和数据资产的管理；负责集团信息化、数字化技术知识的培训教育工作。

近年来随着信息化工作全面开展，为满足各职能部门与主管部门、甲方对接，以及自身管理质量、效能日益增长的需求，信息化人员向专业化、职能化发展，并延伸到各部门、各层级。

数字化投入情况： 截至 2023 年 6 月 30 日，江苏华建在各个层面的信息化研发支出约 1000 万元。后期根据日常使用需要，拓展的功能以及因业务发展需要新增加的功能，预计每年的费用约 500 万元。

3.20.4 数字化应用情况

应用领域及情况： 目前信息化建设过程当中搭建了业务系统集成架构。工程项目管理系统是江苏华建主要的信息系统平台，其集成了综合办公、人力资源、智慧工地、财务管理等平台，以统一企业门户的方式实现对外展示，并构建了集团的决策平台，助力企业决策分析。实现了主数据集成，包括组织人员对接、分供商、材料类别对接等，主数据保持一致，后续业务单据才能正常传递；实现了合同集成，包括施工合同、物资采购合同等，业务起点保持一致，为后续履约提供唯一数据源；实现了收付款集成，包括付款申请和支付结果的双向流转，保证业财资金联动；实现了成本单据集成，业务单据自动生成财务凭证，使财务人员从繁重的手工工作中解脱出来，去做更有价值的管理会计的工作；实现了费用集成，将财务系统中费用报销的数据，回传到项目管理系统中，计入项目成本。

数字化系统情况： 江苏华建数据中心设在扬州建工科技园并建立了异地容灾，机房按照 A 级国家标准建设，配备了 UPS 不间断电源、恒温恒湿空调、气体消防、防雷接地、防盗监控等基础设施，并配备了基础设施物理安全感知系统，可以实时监控机房运行状态。互联网接入两条各 1000M 独享光纤，互为主备。网络及安全设备设置有统一的虚拟化杀毒、硬件防火墙、入侵防御设备、Web 防火墙、VPN 设备、万兆以太网交换机、备份一体机、堡垒机等，并留有升级扩容余地。服务器采用了统一的超融合虚拟化私有云技术，将各业务系统统一部署在超融合服务器上，更容易获得技术支持。采用上网行为专业管理设备对网络带宽和上网行为进行统一管理。区域（分）公司、工程处、项目部以光纤接入方式通过 VPN 与江苏华建总部进行信息的传递和共享，实现网络全覆盖。

江苏华建信息化建设历时多年，先后上线了集团办公及档案管理系统、综合项目管理系统、集团财务管理系统、人力资源系统、智慧工地决策管理系统、印控管理系统等，并积极加快信息化建设步伐。

数字化应用成果：江苏华建的《系统性数字化改革应用案例》经中国施工企业管理协会评比荣获 2023 年"工程建设行业互联网发展最佳实践案例"。《大体积混凝土随机场模拟软件》获专利：软著登字第 1097564 号。BIM 奖项方面，2022 年，中海望京府项目施工阶段 BIM 综合应用获得 2022 第五届"优路杯"全国 BIM 技术大赛铜奖、第三届工程建设行业 BIM 大赛三等成果、江苏省建设工程 BIM 应用大赛二类成果；靖江市妇幼保健中心 BIM 指导施工获得江苏省建设工程 BIM 应用大赛三类成果；大悦广场项目 BIM 机电专项深化应用获得江苏省建设工程 BIM 应用大赛 BIM 技术单项应用三类成果；深圳市公安局刑事科学技术中心项目获得深圳市第六届（2022）建设工程建筑信息模型（BIM）应用成果交流活动优秀成果。2023 年，银河电力研究院项目 BIM 应用成果、天茂领航花园 BIM 应用成果、建工科技园工程施工阶段 BIM 综合应用获得第四届工程建设行业 BIM 大赛三等奖；银河电力研究院项目 BIM 应用成果、GZ209 地块房地产开发项目 BIM 技术应用获得江苏省建设工程 BIM 应用大赛二等奖；天茂领航花园 BIM 应用成果、BIM 技术在徐州金融集聚区 A4-10-2 酒店项目中的综合应用获得江苏省建设工程 BIM 应用大赛三等奖。BIM 相关工法有基于 BIM 的标准设备机房管道模块化预制与装配安装施工工法，基于 BIM 技术的微曲率"V"字形超高层钢结构空腹式钢桁架空中连廊施工工法等多项；BIM 相关论文多次获得江苏省土木建筑学会建筑施工学术论文一、二等奖。此外，江苏华建多次获得全国工程建设优秀质量管理小组、全国工程建设优秀 QC 小组活动成果相关奖项。

数字化存在问题：首先，智慧工地运用的项目覆盖率还不高，项目人员使用智慧工地系统的积极性不高，使用成本较高，智慧工地系统存在与片区不同监管平台对接的问题，由于项目管理体制等原因，物料管理、成本管理等对于大多数项目来说，实施成功难度比较大。其次，人才稀缺。目前公司信息中心全职人员只有 2 名，而信息化技术发展迅速，现有的信息化专业人才不能满足需要，而既懂信息化又熟悉行业业务的复合型人才更是奇缺，需要加强信息化教育培训，特别是复合型人才的培养。员工普遍信息化意识薄弱，不愿意、不主动去接触信息化、运用信息化，需要通过规章制度引导、职业规划发展让员工主动学习，成为信息化人才。

3.20.5 企业期望与建议

对于行业协会：在协同推进行业监管手段信息化时，应推进标准接口、通用方案，避免甲方一套系统、承包方一套系统、监管部门一套系统，相同的数据录入无法互联互通，增加工作量，与减负增效的设想背道而驰。组织信息化竞赛评比，应区分央企、国企、民企，或按体量分组，或区分房建、基建等项目类型。信息化的水平对投入的依赖相当大，不同体量、体制、管理水平的企业对信息化的适应程度有较大差异，信息化是为辅助企业更好地发展，而不该成为企业的负担。应将数字化与执业资格准入、继续教育相连接，加强执业资格教育、考核、培训中数字化的内容。在推进行业监管手段信息化时，建议给出专项的资金投入，明确建设的结果要求，提升企业信息化建设的积极性，加速行业信息化发展的步伐。

对于业主方：出台政策，宣传由业主方主导、推动信息化的优势，推进全过程数字化，将后期要求实施的信息化、数字化要求前置策划，避免后期返工和权责不清。BIM的应用对行业信息化建设至关重要，首要牵头单位应为业主方，应从设计端就开展 BIM 的应用，真正实现从设计到施工到运维一模多用，降低企业投入成本，提升过程管理水平。

对于软件商：软件供应商应对行业信息化负有历史责任感和使命感，避免追求短期的利润最大化，将未经实践应用的软件推介给不适用的对象，如此不利于自己和行业的长期发展。应响应政策导向，加快软件本土化研发；设置与国外已占据一定市场份额的软件的互通接口，通过本土化、汉化应用功能蚕食国外软件的固有市场。相较于软件，构建适配软件的平台，做好交付服务，辅助企业进行数字化、信息化转型，是软件商长期业务的来源。

对于同行：信息化、数字化是一个长期、系统、动态变化的过程，没有放之四海皆准的标准，任何改革都需要实践去检验，即使达成阶段目标，也要不断应对新要求、新情况。信息化、数字化的基础是数据，加强交流能使数据的效用指数级增长；同行之间应加强交流、相互借鉴、共同进步，要有包容、容错的心态和机制。数字化、信息化是建筑施工企业转型的重要工作，各施工企业需要根据自身特点、难点、痛点，因地制宜地开展数字化、信息化工作，确定信息化建设的重点方向和具体应用场景，切忌不切实际地生搬硬套，宜局部试点成功后再大面积推广。建筑施工企业需要根据自身的业务需求和技术水平，选择合适的硬件和软件设施，进行合理的配置和管理，同时还需要建立完善的网络安全体系，保障信息的安全和稳定运行。数字化转型需要全员参与和共同推进，建筑施工企业需要提高员工的信息素养和技能水平。应通过开展信息技术培训、竞赛等活动，激发员工的技术创新热情，促进员工之间的技术合作和知识共享，只有提高员工的信息化素养和技能水平，才能更好地推动数字化转型的发展。对于需要数字化、信息化转型的建筑企业来说，既要看清大势、看准目标、全员推动，更要在组织体系上建立领导负责制，由上而下推进企业的数字化、信息化转型。

3.21　成都建工集团有限公司数字化转型应用情况调研

调研对象名单

刘　宏：成都建工集团有限公司总工程师

杨　敏：成都建工集团有限公司信息中心副主任

3.21.1　企业基本情况

成都建工集团有限公司（以下简称"成都建工集团"）成立于 1950 年，是我国中西部地区极具竞争力的国有特大型综合性建筑企业集团，成都兴城投资集团有限公司（简称"兴城集团"）的成员企业，也是"国家装配式建筑产业基地"和成都市"总部企业"。成都建工集团及所属企业具有建筑工程施工总承包特级资质 4 项，建筑行业设计甲级资质 6 项，建筑工程、市政公用工程、公路工程、机电工程等施工总承包一级资质 20 余项，专业承包资质 170 余项，具有对外援助成套项目总承包企业资格和对外贸易经营资格。2022 年成都建工集团共完成新签合同 1011.43 亿元，连续 4 年完成新签合同超千亿元。

成都建工集团全资、控股和参股企业 80 余家，自有职工 16000 余人，从业人员 18 万余人。集团的管理层级划分为两个层级，由成都建工集团总部和所属企业组成。成都建工集团总部主要负责对二级企业进行监督、目标考核和指导，并提供政策支持和帮助；成都建工集团总部机关各业务部门为服务窗口，负责协调和统筹全集团的各项业务，以确保成都建工集团目标顺利实现。

3.21.2　经营目标及数字化规划

在兴城集团"十四五"战略规划及成为"国有资本投资运营公司及国际化城市综合开发运营商"的愿景指引背景下，成都建工集团2023年争取新签合同1400亿元，实现营收1000亿～1100亿元，"十四五"末期确保新签合同1800亿元以上，营收1500亿元以上。

成都建工集团将坚持"顶层设计、统一规划"，构建"一个战略闭环"、完善"两个业务体系"，打造信息化组织能力、数据资产能力、信息化架构能力"三大数字化能力"的"123信息化战略举措"。以数据为驱动，强化集团战略管控能力；以流程为抓手，深化项目管理标准化；以一体化平台为基础，优化业务协同发展；以信息化新技术为手段，构筑集团智慧创新发展能力。力争在2025年前完成项目管理系统、主数据咨询服务、主数据平台、智慧工地、物联网中台、业财融合等系统建设工作，实现"项企一体"、"业财一体"、系统之间的互联互通。

3.21.3　数字化建设重点

根据《兴城集团数字化转型规划》《成都建工集团信息化专项规划》，按照业务共性统一、技术架构统一和数据标准统一的原则，成都建工集团积极推进数字化转型升级，打造"智慧建工"数字化平台。

数字化应用重点：一是全面提效，赋能内部管理决策。2023年启动成都建工集团信息化建设一期项目，包括主数据管理平台及主数据标准体系建设、项目管理系统建设、智慧工地系统建设、业财融合及业财标准体系建设，实现"项企一体"、"业财一体"、系统之间的互联互通，业务线上可视和多业务环节协同联动，并通过发挥数据价值，支撑重大项目决策，实现全面提升管理效能。二是创新发展，推动产业智慧升级。充分结合智慧工地等建工特色应用场景、业务内容，探索全生命周期服务的个性化应用系统，并以数字化推动绿色建材科技创新、研发和应用，推动产品升级和结构调整，助力产业的转型升级，实现创新驱动产业发展。

数字化组织结构：一是成立数字化工作领导小组，作为成都建工集团数字化工作的最高议事机构，其中，组长由成都建工集团党委书记、董事长担任，副组长由成都建工集团党委副书记、总经理担任，成员由领导班子其他成员担任。二是成立数字化项目管理办公室，归口管理成都建工集团数字化工作，统筹成都建工集团数字化建设实施落地工作，设立主任，由成都建工集团信息化分管领导担任。当前成都建工集团信息中心承担数字化办公室相关工作。三是成立数字化项目组，由业务部门与信息中心技术人员共同组成，业务与技术双轮驱动，具体负责数字化项目建设实施落地工作。

数字化投入情况： 成都建工集团信息化建设累计投入 8000 多万元，2023 年信息化建设一期项目及其他相关信息系统投入约 3000 万元。

3.21.4 数字化应用情况

数字化应用领域： 成都建工集团数字化技术应用领域涉及房建施工、生产制造、市政路桥、建材物流等多个领域，应用于生产制造、设计、施工、运维等多个环节。一是生产制造方面，在预制构件生产制造过程中采用传感器、RFID 标签技术监测生产流程，实现生产自动化及产品运输跟踪。二是设计方面，采用 BIM 正向设计，在设计前期阶段应用 BIM 技术进行绿建设计、性能分析、土方计算、疏散模拟、管线综合、净高分析、洞口预留、辅助方案展示等；进一步提高各专业间的协同深度，如建工大厦等重点项目模型精度、应用由施工方深化，通过 BIM 模型直接导出设计图纸，实现模型在设计、施工、运维阶段的通用性。三是施工管理方面，将 BIM 技术、智能建造技术和数字化项目管理平台互相关联，搭建智慧工地平台，实时采集现场数据，并以 BIM 为核心，结合物联网（internet of things，IoT）、AI、虚拟现实（virtual reality，VR）、增强现实（augment reality，AR）等智能管控技术，应用数字化监控、检测设备，对项目进行全面的数字化管控，有效提升智能化管理和智能化服务。四是运维方面，石材园区等项目利用物联网技术实现水电系统数据远传、远程费控、远程监测、故障预警等线上智能化服务。

数字化系统情况： 成都建工集团已建立覆盖协同办公、人力资源管理、财务资金管理、智慧工地管理、集中采购、审计管理、技术标准、法律纠纷及资信评价等业务管理的集团级信息化系统。下属各单位分建的信息化系统包括项目管理、档案管理、印章管理、成本管理、BIM 软件、智慧工厂、生产管理等，满足各单位业务管理需求，提升管理效率。目前启动信息化建设一期项目建设工作，包括项目管理系统建设、主数据咨询及治理、主数据平台建设、智慧工地建设、物联网中台建设、业财融合及业财标准体系建设。

数字化应用成果： 一是 BIM 技术应用，参与国家及地方各类 BIM 大赛，并在中国建筑业协会举办的"中国建设工程 BIM 大赛"、中国施工企业管理协会举办的"工程建设行业 BIM 大赛"、中国图学学会举办的"龙图杯 BIM 大赛"、智建杯国际智慧建造创新应用大奖赛组委会和澳门数字建筑协会（国际）举办的"智建杯智慧建造创新大奖赛"、中国安装协会（BIM 应用与智慧建造分会）举办的安装行业 BIM 技术应用成果评价活动等赛事中获奖。二是智慧工地平台，梧桐屿项目智慧工地应用成为 2019 年度成都市智慧工地观摩工程；标准化开源接口在成都建工智慧工地平台的应用案例成为 2021 年住房和城乡建设部第一批智能建造新技术新产品创新服务典型案例；2021 年发表的《智慧工地平台开源接口标准化拓展应用》论文获四川省土木建筑学会"优秀论文奖"；"智慧工地平台系统开发及应用研究"课题成果获得四川省建筑业协会科技成果鉴定书，并作为主编单位编制了《四川省智慧工地建设技术标准》。三是其他数字化系统应用，开发了"基于 BIM 技术的图纸会审系统""起重设备信息化管理系统""绿色建造碳排放分析与评价系统""埋地管道漏水自动监测、报警及定位系统""BIM＋机电智能监测运维 IoT 系统""工程信息与资金协同管理系统"等，并取得相关一系列软件著作权。获评建筑企业信息化建设案例一类成果、工程建设行业信息化典型案例（智能建造类）成果。成都建工集团被评为中国西部企业信息化建设先进单位。

数字化存在的问题：第一，系统建设上下未能有效贯通。成都建工集团现有系统及工具软件多为部门级、岗位级系统，以传统烟囱式建设模式为主，信息孤岛较多，分子公司因个性化需求独自建立了大量异构系统，缺乏统一的架构管理。

第二，赋能内部管理难度大。由于目前成都建工集团各信息系统之间无法共享数据，且建筑行业的业务复杂、业务链条长、数据量巨大，随着集团规模扩大，积累的各类数据量愈加庞大，导致目前各类数据的填报、统计还需靠人工方式处理。

第三，赋能核心产业发展不深入。先进数字化手段使用不全，数字化赋能技术和工具在成都建工集团中的应用场景和效果不明显，部分重点项目采用了智能建造技术，暂未实现建筑全生命周期数字化管理，关键决策、过程监控缺乏数据支撑，对企业战略运营管控支撑不足。

3.21.5　企业数字化建议

对于行业协会：建筑行业协会聚集了行业数字化专家和数字化优秀企业，希望能够借助行业协会搭建的平台，广泛了解和学习数字化优秀企业的数字化转型经验与做法；同时，希望行业协会对成都建工集团在数字化转型、数字化技术应用过程中遇到的问题，给予一定的支持与帮助。

对于上下游企业：成都建工集团在数字化建设中强化"建圈强链"理念，围绕"投融建营"一体化项目全产业链条，助力产业上下游合作配合，构建圈链协同的产业生态。期望上下游企业开放能力共享、数据共享等，形成产业链上下游数据协同、资源协同、流程协同和管理协同。

对于软硬件服务商：软硬件服务商拥有非常丰富的数字化实践经验和技术实力，期望在成都建工集团数字化转型过程中，能结合已有项目经验不断提高咨询能力，并根据各单位管理标准提供个性化的数字化转型方案，助力成都建工集团实现数字化转型。

对于同行：成都建工集团数字化转型起步较晚，数字化转型思路、方法和经验不足，希望向同行优秀企业学习数字化转型思路、方法、成功案例和数字化创新应用等相关经验，实现互帮互助、共同探索、合作共赢。

3.22　中国中铁电气化局集团有限公司数字化转型应用情况调研

调研对象名单

林云志：中国中铁电气化局集团有限公司总工程师

杨　柳：中国中铁电气化局集团有限公司信息技术中心主任

裴　宁：中国中铁电气化局集团有限公司信息技术中心副主任

区嘉亮：中国中铁电气化局集团有限公司信息技术中心科长

王　巍：中国中铁电气化局集团有限公司信息技术中心人员

3.22.1　企业基本情况

中国中铁电气化局集团有限公司于 1958 年伴随着中国第一条电气化铁路的建设而诞生，是世界企业和世界品牌双 500 强中国中铁股份有限公司的重要成员企业。集团具有铁路工程、建筑工程施工总承包特级资质，具有机电工程、通信工程、市政公用工程、电力工程等 32 项施工总承包资质和 44 项专业承包资质，具有 5 项甲级设计资质及运输、测绘、试验检测等多项资质。参建了国内 70%以上的电气化铁路、60%以上的高速铁路和 70%以上的城市轨道交通工程，拥有世界最大的铁路电气化和地铁接触网专业生产基地，生产的悬挂产品占全国已开通轨道交通线路的 70%以上。2022 年营业收入 463 亿元，收入构成主要为工程建设施工，同时包括勘察设计、科研开发、工业制造、试验检测、工程监理、物贸物流、运营维管、房地产开发、投融资等。

集团总部设在北京，经营范围遍及全国和境外 20 多个国家和地区，职工规模 12000 余人。其中，项目经理 300 人左右，专家人才 600 人左右，复合型党群人才 600 人左右，高级专业技术人才 1500 人左右，高级技能人才 800 人左右。建立了以三级管控为主的组织结构，经营模式以自营为主。集团加强项目管控，实行生产、成本、质量、资金等各个环节的集中监管。

3.22.2　经营目标及数字化规划

集团计划 2025 年新签合同额达到 960 亿元，营业收入达到 560 亿元。其中，工程建造板块占比 78%，运营维管板块占比 7%，工业制造板块占比 11%，海外业务板块占比 3%，其他业务占比 1%。

2018 年集团成立信息技术中心，归口管理集团信息化工作。目前集团已建设完成统一的信息化管理平台。至 2025 年，集团信息化建设取得显著成效，构建起规范化、标准化的统一信息化管理体系和标准体系，建立全局信息数据共享平台，完成企业各业务信息系统的融会贯通，打造集团完整业务体系的"数字资产"，新一代信息技术得到全面深化应用，集团实现管理信息化、生产智能化、数据共享化。软硬件设施全面升级，网络信息安全防护能力全面提升。集团建立信息系统设计与开发、网络信息安全等信息化专业人才队伍，初步形成集团数字产业能力。

3.22.3　数字化建设重点

集团当前重点工作聚焦轨道交通领域，专注轨道交通数字化、智能化发展，为客户提供工程建设运营全生命周期集成服务。坚持科技创新和管理创新双轮驱动；做强核心产业链，聚焦"工程总承包、工业制造、运营管理"三大核心能力建设；以保持轨道交通机电工程全生命周期服务和综合实力领先为重点，实现集成服务领先、资本运作领先、人才技术领先、体制机制领先，打造享誉全球的轨道交通系统集成企业集团。

基于当前国内外以及行业宏观环境，人工智能、智能建造技术推动下的数字化转型，将进一步助推建筑企业向高科技企业转型发展，未来建筑企业必须走高质量发展之路才能抓住机遇，赢得市场。建筑企业迫切需要利用 BIM、云计算等信息技术，借助数字建筑产业平台进行转型升级；组织能力建设与提升运行效率也成为建筑企业必须解决的重大课题。

数字化应用重点：一是建立完善的信息化制度与标准体系，包括一个完整的信息化管理制度、一整套各方面完善的信息化管理办法、一整套信息化技术标准及规范，给集团信息化总体建设提供统一完善的制度及规范标准支撑体系。二是建成切合集团实际的数智化统一业务应用管理平台，将企业业务活动全面融入信息化系统，实现企业业务信息化全面集成与协同，消除数据孤岛现象，实现业务的互联互通。建立统一的数据共享池，以统一的数据共享池为数据核心，建设统一的数据辅助决策平台，通过业务数据的集中管理，实现大数据分析辅助企业管理决策，实现企业数字化转型升级。

集团成立 60 多年来，经历了从计划经济到市场经济的发展转型，工程项目管理模式从计划经济时代的项目行政管理制逐步转型发展为项目经理责任制，项目管理过程由粗放管理转为精细化管理，并在发展过程中充分利用现代信息技术，逐步将企业带入"互联网＋"时代。

数字化组织结构：为落实中国中铁股份有限公司对标世界一流管理提升行动要求，集团以科技发展规划为指引，以"信息化建设提升年"活动为契机，以"管理制度化、制度表单流程化、表单流程信息化"为主线，开启集团信息化建设和数字化转型之路。2018 年初正式成立集团信息技术中心，下设网络安全科、信息化科，定员 10 人，包括主任 1 人、副主任 2 人、部员 7 人。信息技术中心主要负责全集团信息化归口管理工作和全集团信息化建设运营管理工作。同时，集团成立信息化领导小组和工作组，两位主要领导任领导小组组长，信息化分管领导任工作组组长，机关所有部门分管副职任工作组成员。

数字化投入情况：为建设集团统一的数字化管理平台，实现数字化转型发展，近年来，集团加大数字化建设投资，提高数字化建设资金使用的规范性和有效性，确保在基础平台、功能应用、数据采集、互联互通、创新技术等数字化建设方面的有效投入。集团近 3 年数字化建设累计投入 3719 万元，其中：人员成本 769 万元，软硬件成本 2100 万元，运维成本 850 万元。

3.22.4　数字化应用情况

数字化应用领域：集团以"统一规划、统一标准、统一投资、统一建设、统一运营、统一管理"为原则，自主研发，定制服务，打造集团数字化管理统一平台，涵盖集团 22 个部门和 23 家分子公司的所有业务，实现集团、子分公司、项目部三级架构之间的无缝对接。整合、改造既有的施工生产管理平台、项目成本管理系统、OA 系统、物资管理平台等 22 个系统管理平台，在完善各业务板块信息系统的基础上，构建标准统一的业务管控及应用体系，打破信息孤岛，有效解决企业各类数据"不就源、无标准，不共享、无互通"的痛点问题，实现层级管理和数据互通，实现各业务板块之间的业务协同和信息联通共享，并形成常态化运维机制，不断优化完善平台性能，提升管理效能。

数字化系统情况：集团以"标准化组织机构体系和业务体系全覆盖"为目标，按照"业务"和"技术"两条主线共同推进原则进行自上而下、上下联动的全面信息化建设。业务上全面分类归集梳理，完成集团管理业务、流程、表单的标准化，实现集团信息化组织体系、业务体系、编码体系的标准化；技术上建立统一的数据收集、整理和存储的数据仓库，规划设计符合集团发展、符合产业数字化的数据中台架构，对重点管理数据与业务数据进行采集、计算、存储、加工，建立统一数据接口平台与交换平台，实现数据在异构系统之间的互联互通，结合人工智能模型，从管理决策、生产运营、安全保障等多维度挖掘、分析底层数据，逐步搭建符合集团各层级各维度需求、满足集团发展方向的数据资产体系，实现集团信息化技术架构、应用架构、展现架构、部署架构的标准化，实现基于业务实际需要的功能集成和数据集成。

数字化应用成果：集团阶段性数字化建设成效得到中国施工企业管理协会、中国中铁股份有限公司领导及兄弟单位的广泛认可，曾被认定为"贯通工程战术落地与先行先试典范"。截至目前，集团编制了"集团'十四五'信息化规划"，发布了集团信息化管理制度及相关办法；取得了"信息技术服务管理体系认证"等信息化资质证书；取得了信息化相关专利 3 项、软件著作权 7 项；荣获国资委"首届国企数字场景创新专业赛"三等奖，中施企协"第三届工程建造微创新技术大赛"一等奖，中国对外承包工程商会"2022 国际工程数字化最佳技术创新实践案例"。在国家信息中心"项目后评价"工作中，集团管理"三化"平台、智慧项目管理平台均获得"A 级"（最高级）评价。

数字化存在的问题：集团数字化管理机制不够完善，业务部门与信息化中心仍需紧密沟通与协同，减少低效投资、重复投资的现象；对标国内先进央企和世界一流企业，集团数字化方面的"人财物"配备仍不足；数字化专业人才匮乏，多数三级单位没有归口管理的数字化部门或专职的数字化专业技术人员；应用系统及数据质量不高，数据完整度、真实度不足，数据缺乏统计和分析能力；创新技术应用不够深入，数字化基础设施建设不够完备，网络安全防范仍需加强。

3.22.5　企业数字化建议

对于行业主管部门、行业协会：期望行业主管部门、行业协会能够积极推动行业的数字化转型，引导行业内的企业适应数字化时代的发展趋势；建立数据共享和整合机制，推动行业内的企业实现数据互通互联，为行业发展提供更全面、准确的数据支持；推动建立完善的信息安全体系，制定数字化发展政策，开展培训和教育活动，搭建合作与交流平台，推动行业的协同发展。

对于业主方：期望业主方能够制定数字化建设的统一标准和规范，引导和规范行业的数字化发展；加强信息化基础设施的建设，提高数字化建设的硬件支持能力；建立完善的数据治理机制，确保数据的准确性、完整性和安全性；借助数字化技术对业务流程进行优化，消除冗余和低效环节，提高业务运转效率和客户满意度；重视信息安全保障工作，建立完善的信息安全体系，保护企业和客户的商业机密和敏感数据；开展培训和教育活动，提供合作与交流的机会，分享数字化转型的成功经验和技术成果，推动行业的协同发展。

对于软硬件服务商：期望软硬件服务商能够深入了解行业的发展趋势和需求，了解企业的核心业务和痛点，以便能够提供符合行业特点的数字化解决方案；提供定制化的服务，确保数字化系统的稳定性和可靠性；重视数据安全和隐私保护，建立严格的数据安全保障机制，保护企业的商业机密和客户信息等敏感数据，确保数据的安全性和可靠性；注重用户体验的提升，与企业建立长期合作关系，提供持续的技术支持和解决方案；开展培训和教育活动；不断更新和升级数字化系统，确保数字化系统的持续性和可扩展性。

对于同行：能够建立数据共享和协同工作的机制，搭建协同工作的平台，促进企业之间的合作与交流，共同解决行业难题；拓展数字化应用的广度，将数字技术应用于更多的业务领域，如智能建筑、城市规划等。关注绿色和可持续发展，重视人才培养和合作，加强数字化人才的培养和引进，开展更多的合作与交流活动，分享数字化转型的成功经验和技术成果，共同推动行业的数字化发展。

3.23　中交基础设施养护集团有限公司数字化转型应用情况调研

调研对象名单

宁鹏刚：中交基础设施养护集团有限公司经营开发部总经理
洪俊光：中交基础设施养护集团有限公司经营开发部高级主管
景　彪：中交基础设施养护集团有限公司经营开发部高级主管
王　岩：中交基础设施养护集团有限公司经营开发部一级主管
谭雅中：中交基础设施养护集团有限公司二级主管

3.23.1　企业基本情况

中交基础设施养护集团有限公司（以下简称"中交养护集团"）是中国交通建设股份有限公司专业子集团，负责开展基础设施"建管养"综合性业务，是中国交通建设股份有限公司"投资—建设—运营"全产业链的主要组成部分。

中交养护集团拥有工程勘察综合类甲级、公路行业设计甲级、公路工程施工总承包一级、工程咨询甲级、公路工程试验检测综合甲级、公路工程试验检测桥梁隧道专项、建筑行业设计乙级、市政行业设计专业乙级，市政公用工程施工、建筑工程施工总承包三级，公路路基工程、路面工程、地基基础工程、桥梁工程、隧道工程、特种工程（结构补强）专业承包，公路养护工程施工从业资质一类、二类（甲级）、三类（甲级）等资质；拥有国家级检验检测机构资质认定证书、国家实验室认可证书、国家检验机构认可证书。

近 3 年，中交养护集团收入持续增长，年均增幅 18%；盈利能力持续增强，2022 年利润总额较上年增加 26%；年均实现经营性现金净流 1.8 亿元，每年为国家税收贡献近亿元。目前，中交养护集团拥有职工 1400 余人，其中，高级职称及以上占比超过 30%，本科及以上学历占比超过 87%。

公司下属 13 个职能部门、5 个事业部、4 个全资子公司、5 个控股子公司、1 个参股子公司、12 个分公司、11 个省域（区域）中心；市场遍布全国各地以及东南亚、南亚、非洲、南美洲等海外区域。

3.23.2　企业数字化规划

中交养护集团数字化建设采用"统一规划、统一架构、统一标准、统一数据、统筹建设、统筹运维"的原则，基于自建＋云平台模式，为公司各类信息系统提供基础平台。重点推动急需的信息系统建设，持续建设、加强系统间的整合，不断推动、深化应用系统与公司管理运营活动的融合，以数字化为抓手，实现管理活动的全面提升。逐步建立一套数据标准，加强主数据建设与管理，理清业务数据之间的关系，为数据流转和交换打下基础。继续完善数字化相关制度，以养护业务为主，大力推进公路养护全链条数字化。

3.23.3　数字化建设重点

当前重点工作：围绕公路养护，打造大数据云平台数据融合，提高数字化智能运营能力，加快数智技术与传统养护行业的深度融合，围绕典型业务场景，构建养护数字化技术体系。

数字化应用重点：聚焦智慧养护的应用场景，依托数智化平台和核心技术打造一批数字化产业项目和示范工程，提升公司养护数字资产的产业化能力。以养护全产业链为对象，提升健康监测、养护决策相关技术覆盖率，推动检测监测数据为养护技术发展、管理提升提供平台优势支撑作用。

数字化组织结构：由公司总部牵头，各单位根据公司总体实施推广计划和本单位实际情况与需求，完成本单位实施建设工作。公司对统建类系统、平台、数据、设备和机房等数字资产的运营、维护实行统筹运维管理服务，分级实施。

数字化投入情况：公司信息化部现已具备在信息系统建设项目管理、网络安全管理、运维管理等方面的人才队伍，能够支撑公司数字化建设和日常管理。公司所属各单位均配置了数字化专（兼）职管理人员，负责本单位数字化相关工作。拥有的硬件设备包括：下一代防火墙、IPS、VPN 等，为公司数字化建设提供了基础保障。

3.23.4　数字化应用情况

应用领域情况：涉及管理与生产服务两个方面，其中，管理方面包括协同办公、会议管理、市场开发管理、经营管理、科技管理、资产管理、财务预算相关管理；生产服务包括勘察设计项目管理、桥梁结构健康监测、养护资产管理、工程项目管理等。

数字化系统情况：管理系统包括御点防病毒中心、云眼主机防护平台、上网行为管理系统等，实现了 100M 互联网专线接入和 SD-WAN 统一网络出口。

数字化应用成果：构建养护资产模型，实现对公路日常养护工作的全过程管理，具体功能需求包括日常养护项目信息管理、养护机构管理、养护设备管理、养护建设内容计划管理、日常养护管理、专项工程管理、应急管理、考核评价、统计分析、移动应用和可视化展示等；实现对公司各施工项目的实时管控、感知和远程巡查管理。

数字化存在问题：在业务梳理、应用系统建设以及持续优化等方面的参与度还需要进一步提升。跨部门、跨层级的协同机制尚未完善。在网络安全方面，相关设备、软件缺口大，网络安全防护能力较弱，安全风险较大，有待形成有效的网络安全防护体系。

3.23.5　企业数字化建议

对于行业主管部门、行业协会：建立数字化转型过程中网络安全教培体系，对网络安全工作人员进行培训，实现意识提升、知识更新。

对于业主方：重视投入，以大数据云平台为基础，结合新材料、新装备、新技术，共同探索数字化运营，推进公路养护大数据云平台的数据融合和完善。

对于软件商：瞄准自主关键技术平台，探索定制化服务，提供具有针对性、长周期、良性反馈的长效服务，为行业数字化提升提供扎实的技术与服务支撑。

对于同行：加强协作交流，探索统一标准和分级管理机制，明确网络安全管理的职责，完善安全管理机制。

3.24　浙江乔兴建设集团有限公司数字化转型应用情况调研

调研对象名单

徐文龙：浙江乔兴建设集团有限公司总裁

顾钟伟：浙江乔兴建设集团有限公司原信息部主任、现招采部总监

张耀斌：浙江乔兴建设集团有限公司信息专员

吴　烨：浙江乔兴建设集团有限公司总裁办主任

张　俊：浙江乔兴建设集团有限公司办公室主任

3.24.1　企业基本情况

浙江乔兴建设集团有限公司（以下简称"乔兴集团"），自 1996 年在浙江湖州扎根起步，秉承创新精神，敏锐捕捉市场机遇，实现跨越式发展，现已成为拥有建筑工程施工总承包特级、建筑行业（建筑工程、人防工程）设计甲级等 20 余项资质的综合型民营建筑企业。乔兴集团业务布局涵盖投资开发（地产开发）、工程建设（房屋建筑、钢结构、市政工程、智能化、装饰、幕墙、门窗、家装等）、建筑设计、其他业务（绿色建造、酒店）、海外业务等板块，提供建筑业"纵向一体化"的一揽子交钥匙服务。已在武汉、合肥、南昌、郑州、杭州、上海、南京等城市设立了 20 余家分公司及办事处。为响应"一带一路"倡议，乔兴集团与知名港商合作，在非洲投资成立了中国兴港建设有限公司，在非洲马达加斯加、博茨瓦纳及尼日利亚等地承包工程，为推动当地经济发展做出了贡献。乔兴集团培育了一支精英管理团队和大量专业技术人才，包括通过工商管理进修毕业的员工 80 余名，专业技术人员 700 余名，一级注册建造师和二级注册建造师 170 余名。公司总资产 30 多亿元，办公及后勤基地占地面积 200 多亩（1 亩≈666.7 平方米）。此外，公司还组建了 BIM 技术团队，多次获得省级技术比赛一、二等奖。

乔兴集团管理层级包括创始人、高层管理人员、中层管理人员和基层员工，公司根据自身实际实行严格的财务管控、战略管控和操作管控，保持管控力度和灵活度，积极应对市场变化。乔兴集团凭借对品质的追求与绿色建筑理念，秉承"开物成务"的企业使命，致力于营造美好生活空间，先后获国家级"高新技术企业"、浙江省"优秀施工企业"、浙江省"上云标杆企业"、"湖州市建筑业骨干企业"、"省专利示范企业"、"省级（建设行业）企业技术中心"等荣誉称号。作为行业的先锋，乔兴集团率先实施信息化管理，主动参与并推动省级地方标准制定，不断突破技术瓶颈，取得专利工法、QC 成

果百余项。同时，凭借卓越的项目品质和管理水平，荣获省市优胜标化工地、飞英杯、钱江杯等120余项奖项。未来5年内，在数字化建设方面，公司将进一步建立更加完善的数字化人才培养机制和数字化管理体系，推进数字化与业务更深度的融合，提高乔兴集团核心竞争力和市场占有率。

3.24.2　数字化建设重点

数字化技术（如BIM、云计算、大数据、物联网、移动互联网和人工智能等）正在被逐步应用于建筑行业，以改造整个产业链，实现建筑业的现代化。乔兴集团当前的数字化建设主要着力于推动实现企业经营及建筑建造业务的数字化。

数字化应用重点： 乔兴集团近2年数字化应用的重点主要在以下几个方面：第一，提升建筑设计-施工阶段的协同效应，通过引入智慧建造协同管理平台等数字化应用，连接业主方、设计单位和施工单位等核心参与方，提高设计-施工阶段的协同效率和信息流通；第二，引入新型建造方式，随着BIM技术的发展，公司组建BIM团队，采用BIM技术，通过建立建筑信息模型，优化设计方案，提高施工效率；第三，强化施工现场管理，例如通过引入智能监控系统，实时监控施工现场的安全、质量、进度等情况，提高施工现场的管理水平；第四，优化人力资源管理，通过引入人力资源信息系统，实现员工信息的自动化管理，提高人力资源管理的效率和精度；第五，加强供应链管理，通过引入供应链管理系统，实现供应商信息的集中管理和采购流程的自动化，提高供应链管理的效率和透明度；第六，深化银企直联应用，公司在集团内部建立自己的资金管理系统，通过数据接口将内部资金管理系统与商业银行核心系统、网银或者现金管理平台实现连接。

数字化组织结构： 首先，随着数字化转型的加速，乔兴集团从事数字化工作的人员数量也在逐渐增加，这些人员主要负责企业的数字化技术实施、数据分析、项目管理等工作。公司2014年成立数字化管理小组，负责健全公司数字化管理体系，组织制定和实施公司数字化、信息化管理规章制度，负责公司项目管理信息化系统建设、运维及信息资料管理工作，组织数字化管理知识培训。办公室是公司数字化管理常设机构。成立信息部，负责公司信息化工作的规划和建设。近2~3年，乔兴集团将数字化技术逐步渗透到企业的各个环节，包括使用BIM技术实现建筑设计三维建模、模拟和分析、施工管理、项目管理等。其次，企业职能分工也更加明确和精细，加强了各个职能之间的协作紧密度。再次，数字化组织的影响力逐渐扩大，成为公司决策和发展中的重要力量。

为了更好地满足企业需求，提高企业竞争力，乔兴集团不断优化和升级自身的数字化组织结构，提高数字化技术的应用水平和效果，同时加强数字化组织的管理和培训，提高数字化组织的专业素质和服务能力。

数字化投入情况：近年来，乔兴集团在数字化转型方面的累计投入已经逾千万元。这些资金主要用于引进数字化技术、建设数字化系统和网络基础设施、人员培训和研发等方面。乔兴集团计划在未来几年内继续加大对数字化转型的投入力度，以推动企业的转型升级。

3.24.3　数字化应用情况

数字化建设三阶段：第一，2018年之前，处于线上化阶段。乔兴集团相关部门根据本身管理需要，引进或自行开发了一些应用系统或工具软件，主要包括财务、办公自动化、CAD设计等软件，辅助业务管理部门提高工作效率和工作质量。为了不断提升企业的核心竞争力，配合企业规模化的快速发展，公司于2014年提出"信息化建设第一个五年计划"，2014～2018年期间，实现行政办公信息化、业务信息化、项目管理信息化，实现全程网络申请、审批、资金调配等。第二，2018～2020年，信息化阶段。至2019年公司已完成信息化基础建设及相应上云服务，通过超融合技术建立企业内部云平台，提供企业内部云存储、云服务、云数据库等服务，迁移现有业务系统上云，包括通用的OA系统、财务管理等系统，以及本行业特有的工程项目管理系统、劳务实名系统、工程远程检查系统等，建立云办公系统、企业云桌面系统，将企业日常办公、设计业务、新型的BIM技术应用等上云，在云端统一管理计算及存储资源，提高企业资源利用率，保护企业数据安全。结合公有云相关服务实现企业核心数据的异地容灾备份，通过云防火墙等产品进一步提升企业数据的安全性。在云平台、企业大数据的基础上，建立企业管理报表平台、BI平台，提供管理数据可视化界面，提高现场的决策速度及决策质量，帮助企业管理者快速、准确地了解公司整体运营情况，做出科学的决策。第三，2021年以来的数字化阶段。自2021年以来，乔兴集团根据浙江省数字化改革工作的要求，深入开展数字化改革工作，在之前的信息化发展规划的基础上搭建了"1＋4"工作体系，即深化一个一体化全方位企业管理数字化智慧平台，推进研发、生产、运营、服务四大领域的重大改革，持续建设数字化重大应用。

"1＋4"工作体系的内容：

"1"指一体化全方位企业管理数字化智慧平台，以其为乔兴集团数字化改革的核心，集成了公司各个业务领域的数据和信息，通过智能分析和预测，为公司的决策提供数据支持。

"4"指四大领域，包括研发、生产、运营和服务四个领域的重大改革：

研发方面，采用先进的数字化设计工具和平台，实现了产品的数字化设计和仿真，提高了研发效率和创新能力，创造了多项发明专利、实用新型专利以及 BIM 优秀案例成果。同时，通过与高校和研究机构的合作，公司不断引进和培养高素质的研发人才，为公司的数字化研发提供了坚实的人才基础。

生产方面，引进了智能制造技术和设备，实现了生产过程的自动化和智能化，提高了生产效率和质量，降低了生产成本和能耗。同时，公司还通过数字化技术优化了供应链管理，实现了对供应商的精细管理和高效协同。

运营方面，公司采用了先进的数字化管理系统和工具，实现了对公司各项业务的精细管理和高效协同，如此不仅提高了公司的运营效率和管理水平，也降低了公司的运营成本和风险。

服务方面，公司通过互联网和移动渠道为客户提供便捷的在线服务和解决方案，提高了客户服务的效率和满意度。同时，公司通过大数据和人工智能技术深入挖掘和分析客户需求和市场趋势，为业务拓展和优化提供了有力支持。

通过"1+4"工作体系的实施，乔兴集团的数字化改革工作取得了显著成效。公司的研发能力、生产效率、运营水平和服务质量都得到了大幅提升，竞争力和盈利能力也得到了有效提升。同时，数字化改革也为公司未来的发展奠定了坚实的基础。

存在的问题：组织上，企业缺乏整体数字化思维，数字化转型的顶层设计缺失，导致企业在数字化转型过程中缺乏明确的方向和目标，无法有效整合资源，难以形成统一的数字化战略。业务上，建筑业数字化应用多处于点状分布，体系化水平不高，使企业在全生命周期的"投建营"过程中，难以实现数据的有效传递和共享，各阶段产生的数据无法有效集成，导致信息割裂。人才上，目前 50%以上的数字化人才基本聚集在增加值占 GDP 不足 10%的互联网、信息通信等数字技术基础产业，建筑行业信息化从业人员只占 1%左右，且未建立与之配套的组织体系、晋升渠道及能力评估标准，导致建筑业数字化管理人才不足，现有员工对数字化技术的掌握和应用能力有限，这可能制约企业数字化转型的速度和质量，影响数字化工具的应用效果。软硬件上，建筑业对数字资源的投入偏低，技术及费用标准不健全，导致企业在数字化转型过程中面临技术协同性不高的问题，难以满足系统性需求。例如，国产 BIM 软件市场竞争力不足，自主可控任重道远。当前，三维建模几何内核产业高度聚集于欧美发达国家的工业设计软件巨头中，国内建筑行业普遍应用的 BIM 设计软件多基于国外内核开发，存在一定的数据安全风险；完全自主可控的国产 BIM 软件市场占有率不足 10%，且其各项性能指标均落后于国外同类产品。行业影响上，建筑业上下游产业链长，参与主体多，投资周期长，这些因素都可能对数字化转型产生阻碍。同时，传统建造模式可能不适应建筑企业精细化管理要求，影响数字化转型的进程。

3.24.4 企业期望与建议

对于行业主管部门、行业协会：建议行业主管部门、行业协会提供政策支持和引导，推动数字化技术在建筑行业的发展和应用。例如，制定相关的政策文件，鼓励企业进行数字化转型；组织开展数字化建设的培训和交流活动，提高行业的数字化水平，加强沟通与交流学习；搭建资源共享和学习交流平台，促进建筑企业与软件商的交流和合作，帮助企业更好地了解和应用数字化技术。同时，协会可以定期组织企业间的学习和交流活动，分享数字化建设的经验和成果。

对于业主方：建议业主方能够充分认识到数字化建设的重要性，积极推动项目各方参与数字化建设，并制定相应的数字化建设规划和方案，确保数字化技术的有效应用。同时，希望业主方能够提供准确、全面的项目需求和目标，与建筑企业共同制定数字化建设的目标和计划，确保数字化技术的应用符合项目需求和目标。业主方还需多关注数字化技术的最新发展，积极引入先进的数字化技术和工具，提高项目的质量和效率；加强与建筑企业的沟通和协作，共同解决数字化建设中的问题和难点，确保数字化建设的顺利进行。

对于软件商：建议软件商能够贴合建筑行业的实际需求和工作特点开发软件产品，使软件产品能够适应项目周期长、涉及部门多、数据复杂等行业特性；能够提供在线协作、任务分配、进度跟踪等功能，以提高团队协作效率。希望软件商能够提供实用性强的数据分析和可视化工具，支持数据驱动的决策，并且提供完善的数据安全保障措施。希望软件商能够提供持续的服务和支持，包括培训、技术支持、版本更新等。

对于高校和科研机构：希望科研机构能够开展数字化技术的研发和创新，推动建筑行业的科技创新和发展。科研机构应与建筑企业加强合作，将科研成果转化为实际应用，促进科技成果的转化和推广。希望高校和研究机构能够为建筑企业的数字化建设提供人才和技术支持，建立产学研合作机制，共同推动数字化技术的发展和应用。

3.25 宁波市政工程建设集团股份有限公司数字化转型应用情况调研

调研对象名单

许　瑾：宁波市政工程建设集团股份有限公司党委副书记、纪委书记、工会主席

程滨生：宁波市政工程建设集团股份有限公司副总经理

陈黎明：宁波市政工程建设集团股份有限公司信息中心主任

徐健学：宁波市政工程建设集团股份有限公司信息中心副科长

马　益：宁波市政工程建设集团股份有限公司信息中心数据分析师

3.25.1 企业基本情况

宁波市政工程建设集团股份有限公司是一家兼具国资、上市平台的混改企业。现为国家市政公用工程施工总承包特级企业，浙江省市政行业协会副会长、宁波市市政行业协会会长单位，宁波市建筑业龙头企业。公司拥有市政公用工程施工总承包特级、房屋建筑工程施工总承包一级、市政行业工程设计甲级等一系列专业承包资质。公司被认定为国家高新技术企业、浙江省级企业技术中心，设有浙江省级博士后工作站、宁波市级院士工作站等科研阵地。公司下设6家事业部、23家市内外分支机构，主要从事市政、房建、公路、环保、水利等基础设施建设及工程设计、工程监理、工程养护、沥青制品和水泥建材的生产与服务。历年来获评全国优秀施工企业、全国工程建设质量管理优秀企业、全国 AAA 级资信单位、全国安康杯竞赛优胜集体、浙江省先进建筑业企业、浙江省工程建设用户满意施工企业、浙江省守合同重信用 AAA 级企业、浙江省建筑业产业现代化示范企业、宁波市建筑业龙头企业等多项殊荣；承建的工程获评中国建筑工程鲁班奖、国家优质工程奖、全国市政金杯示范工程、浙江省建设工程钱江杯、浙江省市政金杯示范工程、宁波市甬江杯等各级各类奖项百余项。

3.25.2 企业数字化规划

公司始终贯彻"紧跟发展趋势，保持适当领先"的指导思想，按照"统一规划、统一部署、统一实施"的原则推进信息化与数字化建设工作，尤其是"十三五"以来，公司的信息化与数字化建设步入快速发展阶段，先后以协同办公信息化、财务资金管理信息化、人力资源管理信息化、设备档案管理信息化、项目施工管理信息化、BIM 技术信

息化、高层领导决策信息化等为建设中心，建成一体化的信息化数字管理平台，以"一朵云，一中心，三贯通，三个化，五应用，五体系"为核心的"双135"信息化与数字化工程新格局初步成型，信息化与数字化建设总体呈现量质并举、稳中快进的良好发展态势，迈出了新时代数字化建设高质量发展的坚实步伐。

3.25.3 数字化建设重点

2023年中共中央、国务院印发了《数字中国建设整体布局规划》，从国家战略层面明确了中国数字化建设的总方向；同年国家数据局成立，数据正式进入国家战略发展的框架。公司深刻认识到当前数字化的本质要回归"获得数据、建立连接"，"数字经济"的核心是数据价值，"数据赋能管理"的数字化战略目标是公司当前及未来几年数字化探索的重点之一。

数字化应用重点：公司依托"数据治理分析"保障体系，以"一个动态闭环模式、六大分析主线"为核心，逐步探索出一套适合公司的数据资产应用"方法论"：明确数据分析原则、数据分析要求、数据分析框架，建立一套完整的"数据分析体系"，过程中以"保障机制"支撑"数据管理"，通过"数据管理"实现高效"数据应用"，通过"数据应用"反向促进"数据管理"。通过以上"构架"使"数据"尽快"资产化"与"产业化"，以实现数据赋能管理的目标。

结合公司管理制度、项目系统管控流程及实际业务开展情况，在数据分析过程中不断调整项目各管理节点，确保将项目全生命周期数据纳入分析管理。项目进展各阶段明确由主控部门进行全局把控，配合部门进行协同联通，实现数据赋能——"管理能"；项目各阶段都透过数据重点关注不同的侧重点。在整个项目数据动态变化的过程中，从量与时间、量的相对值、量的绝对值、各风控点等多角度确保数据在数据挖掘、数据梳理过程中的准确性，确保数据分析工作有序展开，以实现数据赋能——"业务能"。真正通过数据的"分析"应用，解决系统数据冗余、数据孤岛、数据利用率和共享性低的问题，促进基础数据共享，形成具有企业特色的公司数据资产，为公司管理决策提供有效的数据支撑。

数字化组织结构：公司成立了"数字化工作领导小组"，由党委书记、董事长任组长，领导小组下设办公室，办公室主任由集团副总经理担任，负责公司信息化工作的规划和建设。

公司重视数字化人才体系建设，重构信管员岗位体系职责，建立信息中心证书认证体系框架，明确职业技能鉴定认证途径。举办数字化人才主题日活动，组织开展优秀分子公司经验分享座谈会及建筑业数字化转型培训讲座，提升数字化人才的整体水平。

数字化投入情况：近 3 年来，公司在数字化方面投入 1500 余万元。

3.25.4 数字化应用情况

应用领域及情况：公司数字化应用主要围绕以"一朵云，一中心，三贯通，三个化，五应用，五体系"为核心的"双 135"数字化工程格局，重点推进数字经济、数字办公、数字建设、数字安全、数字文化五大核心体系应用。

数字化系统情况：第一，数字经济体系，包括数据中台、企业 BI、数字财税等业务系统。数据中台，是指建成涵盖跨系统间数据集成、治理、建模、可视化及分析决策的企业数据中台，实现公司数据资产化积累，数据高效应用支撑决策、赋能管理；企业 BI，是指建成以数据中台为底层数据池，以"数据层—融合层—呈现层"体系为基础，以"十大核心业务舱"为主要应用点的可量化、直观化、价值化的"三层十舱"应用体系，促进公司向精益化、高效化、工业化、智慧化的现代化企业转型升级；数字财税，是指建成涵盖发票进项管理、销项管理、纳税申报、全税种管理等功能的税务数智化管理平台，实现公司发票、税务的统筹与集中管控，减少财税风险。

第二，数字办公体系，包括市政智联云、协同办公、数字人事等业务系统。市政智联云，是指建成涵盖"BIM 云桌面""办公云桌面""云计算""云存储"四大核心功能的"云服务"板块，实现"企业上云"全功能覆盖，支撑公司"云机房""云设计""云培训""云办公"等业务的全新升级；协同办公，是指建成涵盖公文管理、智能印控、物品管理、会议管理、车辆管理、资质管理等功能的协同办公系统，实现单位内部部门各级之间以及部门内外间信息的收集与处理、流动与共享办公；数字人事，是指建成涵盖人员管理、人员异动、薪资管理、绩效考核、培训学习等功能的人事管理系统，实现具有企业特色的人力流程审批、人力分级管控、人力数据分析与职业人文关怀。

第三，数字建设体系，包括数字项目管理、数字工地、数字工厂等业务系统。数字项目管理，是指建成涵盖招投标管理、合同管理、物资管理、设备管理、劳务管理、专业分包管理、成本管理、进度管理、竣工验收管理等项目全生命周期的管理系统，实现"企业集约化管理"和"项目精细化管理"的和谐统一；数字工地，是指建成涵盖视频监控、智慧物料、劳务管理、生产管理、BIM＋技术管理、质量安全管理、无人机平台、道路病害检测、智慧管养等功能的智慧工地平台，实现项目智慧化管理水平的提升，助推项目提质增效；数字工厂，是指建成涵盖产品原材料管理、生产管理、运输管理、摊铺管理（沥青混凝土）、运维管理等全生命周期的数字化管理系统，实现提升工厂管理水平、有效推进降本增效、提升产品质量的目标。

第四，数字安全体系，建成以"一张网"、国家 B 类标准机房为依托的安全体系，为公司信息系统提供安全保障。

第五，数字文化体系，建成涵盖知识文化共享、党工团文化、数字人才文化等的公司数字文化体系，实现单位内部各级部门之间以及单位内外间信息的收集与处理、流动与共享办公。

数字化应用成果：公司数字化建设受到相关部门广泛认可，荣获 2022 年浙江省数字建造创新应用大赛领航企业奖，公司数字化建设案例连续 4 年入选中国建筑业协会信息化建设优秀案例、连续 3 年入选中国施工企业管理协会工程建设行业互联网发展优秀实践案例、连续 3 年获得浙江省智慧工地示范项目奖，入选"数字建筑：建筑产业数字化转型白皮书"，入选施工企业数字化转型 20 大精选案例，多次在全国性峰会平台进行经验分享。

数字化存在问题：首先，数字化复合型人才缺失。数字化应用需要具备相关的技术知识和技能，对于相关人才的要求较高，其不但要熟练掌握建筑业业务理论与实操知识，同时需要具备数字化领域的核心技能，包括数据分析、云计算、人工智能等。在公司本轮数字化建设推进过程中，培养或引进适合公司的数字化复合型人才仍是一大难点。其次，投资成本的回报率较难量化。数字化转型需要投入大量的资金和资源，而数字化转型的经济和社会效益的产生存在一定的延迟性、间接性及复杂性，往往难以直接量化，从而在数字化转型时较难做出最优决策。

3.25.5 企业数字化建议

对于行业主管部门、行业协会：第一，建议建立建筑业数字化全范畴建设标准体系，建议协会将智慧工地示范项目建设标准、数字建造项目标准等现行数字化单线标准进行融合，联合主管部门制定建筑业数字化全范畴建设标准，推动标准的广泛应用；第二，建议促进建筑业行业数字化监管平台的统一，建筑业监管数字化系统多而复杂且存在一定重复性，建议推动监管部门建立统一的监管平台，整合同类管理模块功能，开放数据接口，减轻企业应用负担，减少社会资源浪费；第三，建议加强建筑业数字化人才培养与体系建设，建筑业数字化的发展离不开专业人才的支持，建议行管部门、行业协会加大对数字化建设人才培养的投入，开展各类数字化人才培养主题活动，加强数字化人才体系建设，培养具备数字化建筑设计与管理能力的人才。

对于软件商：建议加强数据安全和隐私保护，数字化转型涉及大量的数据和信息，需要采取有效的安全措施，防止数据泄露和黑客攻击；同时，也需要遵守相关的数据保护法规，保护客户的隐私。

对于同行：第一，建议制定数字化转型战略，明确数字化转型的目标和路径，制定详细的实施计划和时间表，包括选择适合的技术和工具，确定需要改进的业务流程，以及设定可衡量的目标；第二，建议整合信息系统，通过采用云计算、大数据等技术，建立统一的数据平台，尽可能地打破数据孤岛，实现数据的集成和共享。

3.26 厦门市政工程有限公司数字化转型应用情况调研

调研对象名单

徐连财：厦门市政工程有限公司党委书记、董事长

林立祥：厦门市政工程有限公司党委副书记、总经理

林镇陆：厦门市政工程有限公司党委委员、纪委书记

郑金泉：厦门市政工程有限公司党委委员、副总经理

尤　阳：厦门市政工程有限公司综合办副主任（主持工作）

3.26.1 企业基本情况

厦门市政工程有限公司（以下简称"公司"）成立于1981年，是厦门市政集团有限公司（以下简称"集团"）的重要成员单位，是拥有市政公用工程施工总承包一级资质、建筑工程施工总承包一级资质的国有施工企业，同时拥有公路工程施工总承包、环保工程专业承包和公路路面、公路路基、地基基础、钢结构、建筑装修装饰、城市及道路照明、地质灾害治理工程各类专业承包资质。公司旗下拥有2家分公司及3家子公司。

公司现有从业人员近400人，其中本科学历及以上占67.8%，拥有总资产约17亿元，固定资产约1.45亿元，企业总产值突破20亿元。到2025年，公司预计营收22亿元。

结合集团"智慧市政"的顶层设计，公司自主编制数字化专项规划，通过施工项目管理系统打通已有系统间的数据壁垒，实现数据的自动生成与归集。利用信息技术手段让企业数据沉淀下来，加强部门间协同，让数据联动起来；通过数据分析，让数据辅助企业经营管理与决策；让员工从数据茧房中脱身，切实提高工作效能。紧紧围绕企业发展战略，以形成企业知识库、提升企业运作效率、促进企业工作协同为目标，预计到2025年，建立完成符合公司生产经营目标的施工项目管理系统。

3.26.2　数字化建设重点

近年来，公司先后引进了 OA 系统、财务、人力资源、档案、项目管理、BIM、智慧工地等业务和企业管理系统。但由于各业务线、各职能部门间数据源缺乏共享机制，跨层级、跨部门、跨业务线之间的数据壁垒问题严重；基础数据存在多头收集、重复录入，以及基础数据未统一标准、口径、责任人的情况，造成数据质量低，信息化系统在企业和业务管理中未能发挥出最大价值。基于此，公司数字化工作重点由业务应用升级转变为企业管理数字化升级。

数字化建设规划：建成支持公司各职能部室主要业务发展、先进、实用的一体化综合管控信息化平台，同时完成 IT 基础设施、中台层（业务中台、数据中台等）以及数据治理体系的建设，布局数字化企业。

数字化应用目标：目前公司数字化建设仍有较大提升空间，总体水平与行业一流企业及公司"十四五"期间打造"数字化建筑业企业"的目标存在较大差距。存在问题主要体现在六个方面：员工数字化认知和意识不足、顶层规划不够成熟、资源投入不足、缺乏统一的技术标准、业务标准化程度不高、数据壁垒问题突出。

本次数字化建设重点目标为，通过搭建一体化综合管控信息平台，全面覆盖公司核心业务功能，实现公司、分（子）公司、项目部的核心业务系统数据互联互通；最终通过数据的融合驱动促进全业务协同发展，实现公司内部信息联动、基础数据库共享，赋能公司高质量发展。

数字化组织结构建设：数字化管理组织建设方面，公司成立数字化建设领导小组和实施小组，其中，公司董事长徐连财担任领导小组组长，公司党委委员、纪委书记林镇陆担任副组长，负责统筹组织企业各项数字化工作开展。综合办公室作为数字化转型工作的牵头部门，负责制定公司信息化建设（数字化转型）规划、实施方案、年度计划，并组织对计划进行实施和验收；协调公司信息化建设（数字化转型）成果的推广，指导相关部门及下属公司按照公司总体规划开展相关工作；管理公司各信息系统的运行、维护以及业务推广，负责用户的指导、培训及技术支持；与各个业务部门配合，参与制定公司各类管理制度和业务流程，优化流程保证其能在信息管理平台中实施。

数字化投入情况：公司数字化投入逐年提升，从 2016 年的 20 万元到 2023 年计划投入 300 万元，其中预计：人力成本 40 万元，软件成本 140 万元，硬件成本 100 万元，运维成本 20 万元。从逐年提高的投入成本可以看到，在数字经济的时代背景下，公司持续加大数字化投入，拟通过数字化建设规划、数字化应用目标以及数字化组织结构建设，构建数字化企业。

3.26.3　数字化应用情况

企业数字化系统情况：目前公司、分（子）公司、项目部根据职能职责均在日常工作中使用 OA 系统、人力、财务、档案、统一门户及移动端、数据中台、项目管理、BIM＋智慧工地等相关业务和企业管理系统。

数字化应用成果：第一，实现项目全周期标准化管理。在项目管理系统做了 11 个功能模块 349 个细项功能，管理思路分为横纵双线，横向为收入/支出管控，纵向为成本/资金管控，功能模块覆盖了项目组织、项目产值确认、支出类合同、结算、付款环节的线上流程审批及出入库等、成本汇总、竣工结算、付款等项目全生命周期；系统规划了详尽的业务工作管控和完整的数据分析，实施了符合企业需求的业务解决方案。第二，实现投标管理的线上流转与审批，对项目投标进行过程跟踪。第三，实现各单位、各项目在线上申报完成产值，对甲方的报量增强二次经营管控，合同收入台账实时查询。第四，实现分包计量工作全部线上完成，分包商在线评价，计量、支付情况实时查询，形成分包价格体系。第五，实现物资合同、采购、直入直出、结算、核算全部线上完成，实时查询结算支付情况，形成内部采购、租赁价格体系，自动生成各类统计报表。第六，机械管理实现根据合同和使用情况自动计算租赁费，实时查询结算支付情况及施工现场设备台账的管理，形成内部价格体系。第七，实现资金管理数字化，付款审批全部线上完成，批复金额实时调整，项目收支实时记录，合同支付情况实时查询，付款超项目资金余额控制。第八，实现项目管理移动应用，管理于拇指之间，决策于千里之外。

数字化应用意义：首先，数字化平台提升了企业的经营水平，更好地实现了企业标准化、流程化的管理，提升了企业集约化经营的水平；其次，企业数据的有效应用，提升了企业的综合管控水平，数字化应用过程中产生的大量数据被企业再度有效利用，经过数据的结构化处理，可从中总结分析企业标准、流程、机制中可提升的内容，持续优化企业综合管控水平，实现企业核心竞争力的重塑；再次，数字化应用提高了项目工程运作效率，降低了项目工程运营成本；最后，数字化转型支持企业运营模式升级，在提高项目工程质量、安全、进度的同时，降低了公司整体运营成本。

数字化存在的问题：首先，公司各层级对于数字化建设与推广的效果不能达成充分的共识，主要原因是各层级人员的视角不同，自身诉求也不尽相同，这就导致数字化工作在推进过程中得不到各层级、各岗位人员的主动配合，需要通过考核、激励等机制解决部分问题，这在一定程度上影响了公司推进数字化转型的整体效果；其次，数字化对企业员工提出了更高的要求，但受限于企业发展模式和高层数字化思路的快速转变，公司缺乏复合型人才培养体系，无法为企业员工赋能和提供良好的数字化氛围，难以支撑企业发展对于人才的需求。

3.26.4　企业数字化建设规划与展望

数字化建设第一阶段：实现项目合同业务线上化管理，串联项目各阶段过程在线审批。通过数字化建设，构建项目全过程文件体系，助力项目资料能按时收集、项目能按时结算；构建企业项目经营管控体系，保证数据线上化流转。

数字化建设第二阶段：实现成本精细化管理和业务数字化管理。通过数字化建设，建立企业 BI 决策平台，夯实经营决策的数字化基础；搭建项目质量、进度管理业务系统，实现项目现场精细化管理应用；对接 OA 系统、财务等其他应用系统，打造业财一体化。

通过数字化建设，建立并完善企业应用保障机制，深化数字化应用体系；建立企业大数据决策平台，最终实现公司从业务在线化到平台能力化的升级。

3.27　中亿丰建设集团股份有限公司数字化转型应用情况调研

调研对象名单

李国建：中亿丰建设集团股份有限公司总工程师

3.27.1　企业基本情况

中亿丰建设集团股份有限公司（以下简称"中亿丰集团"）是中国民营企业 500 强，前身创立于 1952 年，2003 年整体改制为苏州二建建筑集团有限公司，2013 年更名为中亿丰建设集团股份有限公司。中亿丰集团是江苏省首家获得建筑工程和市政公用施工总承包特级资质及市政行业甲级、建筑设计甲级、岩土工程（勘察、设计）甲级的"双特三甲"民营企业，拥有特、一、二级资质 20 余项，资质结构齐全。

2022 年，中亿丰集团完成施工产值 299 亿元，新签合同额 318 亿元；2023 年上半年完成施工产值 148 亿元，新签合同额 184 亿元。企业拥有管理人员 3000 余名，其中本科及以上学历占比超过 70%；拥有中高级职称人员 1000 余名，其中包括教授级高级工程师 21 名以及博士后 1 名；具备一级建造师执业资格的员工 600 余名。

2023 年，中亿丰集团正式形成集团管理层、总部职能层、基层业务层三个层级的组织管理格局。中亿丰集团总部采取战略控制与运营控制双重管控模式，即集团总部与二级单位总部，按照"定位清晰、职能明确、授权有度、管控到位"的原则，完善组织架构及管控体系。

3.27.2　经营目标及数字化规划

企业经营总目标：制定了到 2025 年末，实现营业收入 380 亿元、新签合同额 500 亿元的发展目标，其中房屋建筑业务、基础设施业务、新业务、综合投资业务结构占比为 5：3：1：1。

数字化建设总体目标：明确数字化建设是企业提升经营质量，升级管理模式的关键。要借助数字化手段，横向支撑集团完整的业务价值链，纵向实现有效的集团管控。统筹数字化运营的顶层规划与基础设施建设，前台推进业务链上生产、营销、采购、施工、运营、金融等重点业务领域数据采集线上化，并统一业务数据接入标准化；业务中台推进集团上下之间、部门之间、业务之间的集成衔接，重点实现业财一体、项企一体、生态一体；数据中台重点实现链接、集成、共享、分析的数据闭环；后台建立分析决策、预算管控、绩效管理、法务风控等基础管理保障。

数字化实现路径：以"管理数字化、施工自动化、建筑智能化"为企业数字化领域三大板块，按照统一规划、统一标准、统一建设、统一管理的"四统一"原则，推动中亿丰集团实现管理标准化、标准流程化、流程表单化、表单信息化、信息自动化的"五化"运营。

2025 年末，中亿丰集团形成全网数据资产沉淀与挖掘，对内孵化数字化产品，衍生金融业务，变革管理方式，创新商业模式；对外推动产业数据的链接拓展，建立行业有影响力的数据平台，增强平台客户黏性，支撑集团数字化转型。

3.27.3　数字化建设重点

企业当前重点工作：在应对建筑行业整体出现的库兹涅茨下行周期的背景下，探索建筑业发展的新动能。从国家经济安全和战略竞争角度，发展数智化新兴技术已上升为国家意志。国内经济发展也在回归理性，硬科技、新能源、新基建正在取代房地产、互联网等，成为国家经济发展的重点。低碳绿色将是建筑业发展的必然趋势。绿色建筑、装配式建筑、节能材料、被动式低能耗建筑、楼宇能源中心是必须主动竞争的赛道。

中亿丰集团立足产业基础，探索多元化发展路径，打造"建造-制造-智造""三造合一"的现代化综合性控股集团。以抵御传统经营风险，保持发展可持续为原则，集团加快确立完善"实业＋服务＋技术＋金融"四大战略要素结构，以城市"建造"为核心实业，通过"制造"推动产品转型，提升核心实业和产品制造的服务属性，叠加"智造"实现技术赋能，聚焦"三造"开展资本运作，强化产融结合，以此业务逻辑做实集团发展的四大战略要素布局。

数字化应用重点：集团的数字化应用，重点围绕数字化支撑管理、数智化改造产品两个维度进行重点的工作布置。第一，夯实组织加管理的基础保障，以标准化推动管理数字化。通过组织治理、制度流程重构消除管理的盲点，通过线上执行固化制度流程，实现组织有保障，技术有支持。第二，构建系统加跑道的应用能力，提高业务数字化水平，特别是数字化的整合能力。包括纵向贯通企业管理与项目管理的"项企一体化"，横向贯通市场、商务、工程、财务的"业财一体化"；以端对端点对点的集成能力支撑智能装备、智慧工地、BIM 的有效链接；以数字化生态的整合能力实现智慧劳务、智能工厂、资源平台、设备平台等集成供应链一体化。第三，建成平台加大脑的数字底座。通过数据治理，以 BIM、数字档案为载体，围绕产品全生命周期、项目管理全生命周期形成数据沉淀、数据挖掘和数据分析的应用场景。第四，打造场景加应用的创新成果，通过 BIM 算量、正向设计、数字化交付等打通管理与产品、图像与数据的连接。

数字化组织结构：数字化组织结构如图 3-2 所示。

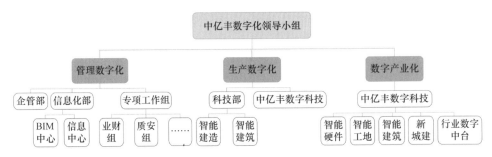

图 3-2　数字化组织结构图

数字化投入情况：集团近 3 年已累计投入了数字化研发费用 2000 余万元，并且每年数字化投入的比重不断提升，形成了以 BIM＋AIoT 数字孪生技术为核心、国内领先的工业软件——DTCLOUD 智慧工地（即智能建造）工业互联网平台。

3.27.4　数字化应用情况

数字化应用领域：中亿丰集团的数字化应用领域在统一信息安全治理体系及统一主数据、统一数字底座的基础架构之上分为五大板块，分别是职能协同、生产协同、资源协同、财务协同、智慧建筑。

数字底座，通过数据治理方法＋系统的建设落地，支撑公司全方位数据管理需求；实现系统的互联互通、数据共享交换、数据质量建模、数据标准建设、元数据管理、数据资产管理等工作，为企业数字化提供统一的数据标准，建立集团的数据治理体系，为决策分析系统提供标准、统一且唯一的数据源。

职能协同，以企业级支撑性管理职能为建设范围，主要包括行政类管理、经营及客户关系管理、人力资源管理、法务风控管理等。职能协同板块数字化建设重点考量随需而变，快速响应。

生产协同，通过 BIM、智慧工地、智能装备等的应用实现项目端到企业管理端的项目策划、计划进度、技术方案、质量安全方面的协同。生产协同板块的数字化建设重点考量软件＋硬件、企业＋项目的数字化系统、工具的整合能力。

资源协同，以建筑企业资源计划为核心，构建从集采寻源到履约结算、成本分析的全过程资源计划和经济管理。资源协同平台正在探索向上下游拓展，初步在 BToB（构件工厂、原材料供应商）、线上供应链金融等方向形成了小范围成功试点。

财务协同，打造围绕业财全连接、项目全成本的核心目标，深耕业财数据通、业财规则通、业财流程通、财务赋能业务、项目经营风险预警。

智慧建筑，包括智慧建筑的方案规划、智能化设计、照明设计、智能化产品供应、智能化工程实施及智慧运维系统集成服务。

数字化系统情况：企业基础架构方面，以 DCMM 模型作为实施方法论，采用主数据管理系统＋数据治理平台＋数据质量管理系统＋企业 BPM 组合搭建企业数字底座。企业管理数字化方面，通过自建系统与引进的行业成熟系统相融合的方式全面集成，以"业财税资票一体化"，项目、区域、总部一体化系统体系为支撑，实现项目全过程、管理全半径的覆盖。智慧建筑、智能建造方面，以云 PaaS 平台和智能硬件为核心，兼顾数字建筑、数字园区、数字企业等解决方案平台需求，打造具有自主知识产权的平台产品，服务各类数字化研发项目。科技研发与人才储备方面采用统一化的技术路线，结合物联网云平台底层架构开发技术，组建完整的开发团队人才队伍；与国内知名高校、科研院所建立长期的合作机制，联合申报科研课题和科技奖项，完善"产学研"合作机制，打造数字科技品牌形象；逐步完善科技研发管理制度，建立研发项目的"立项-研发-验收"管理流程；打造政府支持的科技研发平台；目前开发的平台产品种类有：数字孪生工地、智慧建筑、智慧新城建、智慧企业、智慧照明、智慧能源中心、智慧文旅、智能装备监管平台、智慧停车等。

数字化应用成果：在数字化领域，获得国家发明专利 3 个，在审国家发明专利 11 个，获得软件著作权产品登记 62 个，参编国家级行业标准 5 项，获得国家与省部级 BIM 奖项超过 50 个。

数字化存在的问题：目前的数字化环境仍是以工作评审为核心，工作评审附带产生了数据，是以流程为主、数据为辅。要想真正实现企业管理端的数字化转型，实现数字化系统能用、敢用和好用，需要彻底改变数字化工作的主辅关系。系统应以数据为主、流程为辅，强调数据的质量，不断细化数据颗粒度。这也是从信息化到数字化转变的核心标志。

目前，建筑施工行业上下游数据交换的成熟度依然受到很多制约。供应商侧的数字化水平差距极大，无法实现全部数字化供应链的衔接；行业主管侧仍然沿用传统的纸质证明和独立系统填报，很多时候数据需要重复录入、重复填报，在很大程度上降低了项目的数字化工作效率。

从产品实现域（BIM、智能装备）到项目管理域（进度、技术、质量安全）的数字化打通，仍然是目前数字化建设最大的瓶颈，亟待打造行业级的基于 BIM 数据的计价、算量、进度、质量验收全过程的标准化应用场景。

3.27.5 企业数字化建议

对于行业主管部门、行业协会：多组织召开全国性的企业数字化转型交流分享大会，邀请业内知名专家等进行主题报告；组织建立数字化合作联盟，共享资源、合作共赢；在行业数字化标准方面，包括数据、存储、应用等方面开展相关课题研究和标准制定工作；建议行业监管系统进行数字化改造（类似金税四期），提供界面填报、数据交换、系统接口等多种方式的选择，便于企业提高工作效率，有助于监管系统的数据获得更加及时、有效。

对于业主方：项目数字化投入应在工程投资中予以考虑，目前单个项目在数字化应用上的投入逐渐增加，相关费用投入应在工程前期预算中予以考虑，对于重点项目应大力推广数字化技术应用；类似行业监管部门，业主方管理应与建筑企业的数字化生态融合，在工程进度、材料供应、资金结算等方面实现数据的实时共享。

对于软件商：目前，行业软件相互之间数据存在壁垒，大型软件厂商造价、BIM 等数据不对外开放，没有满足行业共享共用的需求，软件厂商应考虑集约化建设，减少重复投入；软件厂商应将客户体验放在首位，注重服务品质，做好过程跟踪和产品维护；建筑业发展的关键数字技术，是 IoT、BIM、AI 和云计算等，软件厂商应该聚焦相关技术的应用，不断降低人为操作，通过数字技术，融合感知、推理、处理、模型能力，构建基于数据驱动的完整的系统能力。

对于同行：建筑企业数字化转型最根本的目标就是要解决企业的经营管理问题，通过打破以往传统的管理思维，遵循"数出一源，一源多用"的原则，实现数据的横向互联、纵向互通、集成共享，推动企业生产经营效率的提升。建筑行业数字化转型建议从三化融合、构建新型建造方式入手，实现企业及项目的精细化管理，消除建造各环节的沟通壁垒，提高效率，实现资源的最大化利用。

3.28 中交建筑集团有限公司数字化转型应用情况调研

调研对象名单

李国华：中交建筑集团有限公司数字化管理部总经理

刘宇峰：中交建筑集团有限公司科学与设计部管理部副总经理

张美莲：中交建筑集团有限公司数字化管理部高级主管

冷　净：中交建筑集团有限公司数字化管理部高级主管

3.28.1 企业基本情况

中交建筑集团有限公司（以下简称"中交建筑"）是世界500强、特大型中央企业——中国交通建设股份有限公司（以下简称"中交股份"）的核心子公司，前身为成立于1975年的交通部"房产大队"，2022年9月由原中交四公局改制组建，注册资本20.94亿元，职工总数7000余人，具有建筑、市政及公路工程施工总承包3个特级资质，工程设计建筑、市政及公路行业三个甲级等30个类别111项资质，总部设在北京，下属公司分布在雄安、天津、西安、郑州、南昌、南京、宁波、长沙、成都、厦门等地，业务遍布国内外，是集投资融资、设计运营、施工建设、工程服务于一体，具有一体化工程总承包能力的国有综合性大型建筑企业。2022年度中交建筑完成新签合同额1111.06亿元，同比增长8.19%；完成营业收入487.07亿元，同比增长11.41%。截至2022年末，中交建筑管理层级为5级及以下，管理层级符合中国交建"管理层级控制在4～5级内"的要求。除母公司外，常设子公司13家、分公司3家、事业部3个。

预计到2025年，中交建筑将完成新签合同额1285亿元，挑战1680亿元；完成营业收入570亿元，挑战700亿元。中交建筑"十四五"期间将坚持三大导向、紧密围绕三条主线、准确把握五大主攻方向，按照数字化总体架构设计思路，统筹开展五大类12

项重大项目及数字产业发展重点任务，加快推进"数智中交建筑"建设，助力建成具有核心竞争力的科技型、管理型、质量型的集团一流企业。

3.28.2 数字化建设重点

数字化应用重点：2022 年中交建筑全面转型房屋建筑业务，定位中交集团房屋建筑产业链链长单位，逐步加强房建领域业务布局，成为中交集团房建业务龙头企业。数字化转型以增强中交建筑房建业务核心能力为根本，以打造"数智中交建筑"为目标，聚焦"数字化赋能、智能化建造"主体，加强业务驱动和数字化赋能间的良性互动；利用数字化手段，牵头为中交集团打造一条链条完备、优势突出、开放包容的现代房屋建筑产业链，提升房屋建筑产业发展水平。

"数字中交建筑"战略，以数字化驱动管理变革、以智能化推动产业升级、以数据要素增值赋能、以网络化支撑互联互通，打造央企数智化转型示范样板。将数据作为新兴生产要素，推进数智产业化和产业数智化，实施"上云用数赋智"行动，构建基于主业的新型数智产业生态，形成差异化竞争优势，开辟高质量发展新空间。企业明确了 12 项数字化重点工作，通过打造典型场景引导企业数字化转型。一是根据企业数字化发展情况进行数字化转型成熟度等级诊断，制定中交建筑数字化顶层设计方案，明确数字化发展目标及实施路径，强化顶层设计对数字化实践的引领作用；二是打造典型应用场景，开展百大典型数字化场景评选活动，形成一批具有行业影响力的优秀场景示范，激发全集团数字化创新发展活力。

数字化组织结构：中交建筑数字化管理部目前编制 8 人，下设 BIM 中心，主要承担数字与信息化管理等职能。负责全公司数字化工作规划与实施、数字化转型与建设，信息化项目管理，信息系统开发与运维管理（含远程管理平台），数据治理，数字与信息化资产管理，网络与信息安全管理，BIM 技术管理等工作。现有人员主要聚焦中交集团统建系统推广落地及本公司自建系统研发管理，BIM 中心支持各重点项目科技创新及 BIM 建模需求。后续计划加强数据治理及整体架构管理能力，以项目管理系统和智慧工地平台为抓手，落实产业数字化对中交建筑房建转型的有效支撑。

数字化投入情况：中交建筑强化数字化资金保障，将数字化建设工作经费纳入年度预算，专款专用，通过逐年提高信息化专项预算，为数字化工作加油赋能，近 3 年投入数字化经费 6000 余万元。

3.28.3 数字化应用情况

应用领域及情况： 聚焦中交集团国有资本投资公司试点改革要求、对标实现世界一流管理的提升要求及公司主营业务发展需求，坚持国内海外一体化和自主可控，锚定"以数字化驱动管理变革、以智能化推动产业升级、以数据要素增值赋能、以网络化支撑互联互通"四大目标精准发力。

以智慧运营为核心，加速公司运营管理与数字化的深度融合，围绕人财物核心资源和运营管控事项提高标准化、精细化管理水平，实现资源配置的高效集约化和共享化，提升管理效率，降低管理成本，增强对公司运营管理的全面感知力、实时监管力和风险防控力，通过数字技术驱动管理变革，加速推进管理型和质量型世界一流企业建设目标的实现。

以产业转型发展为方向，通过智能化技术与主营业务深度融合，创新下一代交通基建产品和服务新模式，培育产业链供应链智能生态圈，实现上下游合作伙伴共生、共建、共赢，提高产业竞争力、市场占有率、客户满意度，实现通过数字技术推动传统生产模式和商业模式变革，推进科技型世界一流企业建设，加速实现新旧动能转换和产业升级的目标。

以数据资产化为主线，将数据作为新的关键生产要素和核心资产，加强公司运营管理全过程和工程项目全生命周期动态数据汇聚，有效整合数据资源并进行数据的广泛共享，深度挖掘数据应用场景和数据综合应用模式，发挥数据要素价值，推动数据增值赋能，实现通过数据开发利用创造新价值和赋能业务创新转型的目标。

以数字设施与网络安全为基础，统筹推进"云网边端"新一代高可靠、绿色化数字设施建设，构建中交特色的网络安全体系、自主可控体系以及运维服务体系，实现应用云化部署、网络全球互联、安全防御能力可靠、运维稳定高效，为"十四五"建设"数智中交"和面向 2035 年的交通基建互联网提供有力可靠的支撑。

数字化系统情况： 管理数字化领域以中交集团统建系统为主，覆盖集团管控、业务运营及项目管理等核心领域，包括一体化协同办公系统、"交建通"、"财务云"、人力资源系统、党建系统、审计信息管理系统、中交合同管理系统、法律案件管理系统、生产经营数据采集及辅助决策系统、供应链系统、中交节能环保信息统计报送管理系统、中交智慧运营平台、投资管理系统、中交分包管理系统、科研项目管理系统、项目管理系统等 40 多个系统。

产业数字化领域以公司自建为主，覆盖设计、生产、施工现场以及项目生产、技术等管理领域，包括 Revit/Bentley/3DMax/Rhino/鸿业等设计软件、广联达/算王等造价软件、设计深化/智能生产管理平台等工业化制造应用、劳务实名制/视频监控/扬尘噪声监控/物料验收/设备监控等智慧工地应用以及产值填报系统、技术管理系统、安培在线教育培训系统等一线项目管理专业应用。

数据治理领域以中交集团统建为主，通过数据管理体系建设、数据治理专题活动及"采、存、管、用"为主线的集团级、一体化数据平台和数据湖，实现数据资产积累，建立全域数据资产共享模式，有效支撑智慧运营、数字孪生等数据应用落地，促进数据资产价值提升。

基础设施领域以中交集团统建为主，通过混合架构、弹性伸缩的"中交云"，架构先进、支撑全球灵活接入的"全球网"，三地容灾架构、安全稳定的主、辅、灾备"三中心"以及"逐步实施、能替尽替"的主要统建系统自主可控改造，建成公司新一代数字基础设施。

数字化应用成果：建设的机械设备远程智能安全巡检系统，被评为"第四届全国设备管理与技术创新成果"一等奖；率先打造的"远程监控＋业务系统＋无人机＋智能安全帽＋视频展台＋视频会议"六位一体远程管理平台，成功申报中国交建信息化和生产安全专项课题，并在第十五届工程建设行业信息化发展大会上获选"2019 年度工程建设行业信息化典型案例"。作为核心技术单位承接的"中交上海总部基地超高层数智建造技术及解决方案研究"课题，形成可落地、可复用的超高层数字智能建造技术方案，《中交上海总部超高层数智建造技术应用场景》在首届中央企业数字化转型峰会上获评为"2021年企业数字化转型典型场景"，荣获"2022 年首届国企数字场景创新专业赛"三等奖。组织参加 BIM 大赛，近 2 年获得 BIM 奖项数百个。参编国家和省部级 BIM 相关标准 3个。系统应用覆盖财务类、运营类、组织人资类、综合类、科技类等业务领域，初步实现了公司应用、业财、决策一体化贯通的目标。

数字化存在问题：当前公司的信息化水平与全面建成具有核心竞争力的科技型、管理型、质量型中交集团一流企业目标相比，还存在不足和差距。

在数字化战略与文化方面，当前数字化转型已成为公司发展战略的核心内容，但公司上下对数字化转型战略重要性的认识仍需加强，认识思路仍侧重于传统的信息技术应用，与国家大政方针、国资委部署要求、公司数字化转型和高质量发展需求不符。各级领导、各级员工对数字化发展的认知水平也存在不同程度的差距，数字化发展建设的文化氛围不足，需建立高度统一的战略和文化共识。

在管理体系与业务标准化方面，战略、业务、信息三方协同机制仍需深化，管理与业务标准化、精细化水平不足，横向沟通不畅的"部门墙"、纵向传导衰减的"隔热层"及管理僵化、对市场温度缺乏感知的"流程筒"依然存在，跨部门、跨层级的业务标准体系和流程体系不完善，难以通过信息化进行持续的优化和固化。

在管理提质增效方面，项目管理信息化水平亟待提升，缺乏兼容多层级、多类型、多场景、多个性化复杂管理需求的数字化平台支撑；财务一体化和业财融合不完善，全域业务流程尚未实现线上化协同贯通和"一网通办"。

在业务创新发展方面，新技术与主营业务发展结合能力不足，特别是一线生产"数字＋"和"智能＋"创新价值体现不充分，具有建筑特色的"BIM＋"和智慧工地应用还不丰富，尚未形成公司核心竞争力。

3.28.4 企业数字化建议

对于行业主管部门、行业协会：希望协会继续发挥其作为政府和企业之间桥梁的作用，积极推动政策法规的制定和实施，以及行业标准的制定和推广。同时，建议行业主管部门、行业协会应加强对企业的服务和支持，包括提供政策解读、法律咨询、行业培训、市场调研等方面的帮助，以提升整个行业的整体水平。

对于业主方：期望能够明确自身的需求和期望，并以此为依据选择合适的软件产品和服务。同时，建议业主方能够给予企业充分的信任和合作空间，以便企业能够更好地满足业主方的需求和期望。此外，希望业主方能够积极参与到软件开发过程中来，提出宝贵意见和建议，以便企业能够更好地改进产品和服务。

对于软件商：期望能不断提升自身的技术水平和创新能力，以满足不断变化的市场需求。同时，建议软件商能够加强对企业的支持和合作，包括提供技术支持、培训、咨询服务等方面的帮助，以提升企业的综合实力和市场竞争力。此外，希望软件商能够积极参与到行业标准的制定和推广中来，以便更好地促进行业的发展和进步。

对于同行：期望能够遵守行业规则和市场秩序，共同营造一个公平竞争的市场环境。同时，建议同行之间加强交流和合作，包括分享经验、共享资源、联合营销等方面的合作，以提升整个行业的竞争力和发展速度。此外，希望同行之间能够互相学习和借鉴，取长补短，以便更好地满足市场需求和实现企业价值。

第4章
建筑业数字化应用情况总结与建议

数字化转型是一项系统性工作，建筑业做好数字化转型是为了更好实现高质量发展的目标。从调研的总体情况上看，受访者最为关注的是数字化转型工作能带来的价值，以及目前数字化工作在推进过程中所面对的问题该如何解决。对此，《报告》综合了调研到的实际情况，从建筑业数字化转型的价值和所面临的问题两个方面进行了总结；同时，根据实际调研情况的总结以及相关资料，提出了建筑业数字化转型相关建议，以供读者参考。

4.1 建筑业数字化转型的价值

在调研走访的过程中我们发现，受访者对于数字化转型的认可程度都非常高，但大家对于数字化转型的价值认知，视角又不尽相同。对此，编委会根据调研记录的内容，对建筑业数字化转型的价值进行了总结梳理。建筑业数字化转型的价值主要可分为三个层面，即信息的透明可见、管理的高效运转、业务的持续进化。

第一，信息的透明可见方面，包含构成要素、相互作用、动态调整这三个维度。构成要素信息的透明可见要做到看得见、看得全。比如，面对工程项目现场"人、机、料"的复杂情况，数字化能发挥其超强的记忆力，实时看见每位作业人员的空间位置、作业情况、作业时间以及作业质量；实时掌握每台机械设备的空间位置、运转情况、操作人员资质及是否存在冗余或过载，针对塔吊、基坑及高支模等关键风险源，做到全方位、全天候自动检测；实时追踪每种建筑材料的空间位置、库存水平、领用情况、搬运损耗、是否存在监守自盗及采买合同履约是否存在以次充好、缺斤短两、恶意欺诈等情况。这样不仅能大大降低对项目管理人员的精力占用，而且还能实时追踪各个要素的动态变化，第一时间发现潜在的问题。

相互作用信息的透明可见要做到看得清、看得准。比如，面对"每个岗位每道工序"的种种复杂情况，数字化能发挥其超强的连接力、执行力，有效连接拉通各个条线、各个参与方、各个层级，补齐每个作业面上的每道工序精确的设计要求、详细的工艺工法、清晰的保障条件（完成本工序必需的配套工序及配套工作）、具体的成果要求、具体的验收方式、具体的结算支付、奖惩激励及风险分担机制；同时在此基础上，对彼此关联性强、全局影响大的重点环节，做好提醒及预警。这样就能有效克服项目管理人员精力不允许的顾不上、能力不支撑的做不到、职级不够格的拉不通，在岗位层做到精细化管理，从源头解决问题，减少后期遗留问题。

动态调整信息的透明可见要做到看得远。比如，面对"环境变化"的种种复杂及可能的突发变化，数字化能发挥其超强的推演力，实时自动追踪施工现场的环境变化，就可能发生的风险进行动态预警、提出相应的防控措施（例如，高温带来的深坑毒气、大风带来的超标扬尘、大雨带来的混凝土浇筑工期延误等），并在可能造成的负面影响的前瞻推演基础上，对整体施工方案及项目计划进行系统优化，看看能否在后面把损失的工期和成本追回来。

第二，管理的高效运转方面，数字化可以依据各个组织层级（岗位层、项目层、企业层）的工作计划，做到持续追踪执行的具体情况，实时检查，第一时间发现问题，第一时间触发决策调整，从而快速实现"管理闭环"，继而快速启动下一个 PDCA 闭环的执行与反馈，做到早发现、早决策、早行动、早反馈，做到战略与执行、业务与组织、要求与能力、决策与信息的有机连接与有力支撑，系统性地提升运转效率。

比如，建筑项目普遍存在的"安全管理难"的问题。针对可直观查看的安全隐患，数字化能够发挥其系统性能力，数字化智能监控系统在作业过程中实时检查，自动排查诸如"现场作业人员未佩戴安全帽、违规抽烟、乱扔烟头、出现明火、有未知车辆入侵"等潜在问题，实时自动报警，直接通知当事人及相关管理人员予以解决，从而实现高效运转的 PDCA 管理闭环。又如，工程项目普遍存在的"劳务管理难"的问题。针对容易出现的劳资纠纷，数字化能够通过覆盖全场的数字化智能影像硬件，覆盖每位工人的数字化智能安全帽，拉通技术、生产、商务、财务和人力，通过实名制的智能劳务管理系统，做到每位工人从进场，到工作，到退场，再到登记、考勤、作业、验收、算薪、签审、发薪的全过程数字化，自动实现 PDCA 的管理闭环，从源头上做好风险防范，让恶意讨薪这样的问题不再发生。

数字化通过统一的系统工具、统一的作业标准、统一的管理颗粒度，有效拉通各参与方，进行计划制定，做到在具体作业面、具体岗位、具体工序的层面上拉通对齐，确保工期计算的正确性、施工部署的合理性和穿插施工的指导性。数字化通过系统对接，把项目管理与各职能部门打通，实现跨系统审批，就能极大提升组织内部的运行效率；把项目层与企业层打通，实现全局掌控，实时监控及对比各项目在各维度的推进情况，就能快速发现问题、解决问题，极大提升企业层的决策效率；把各参与方打通，实现各方在同一系统平台上工作，同步看到同样的信息，同步跟进同样的问题，就能极大提升各参与方之间的沟通及协同效率。

第三，业务的持续进化方面，数字化能够帮助提升全局掌控力，实现经营业绩的增长，进而推动业务持续拓展。数字化能在透明、高效的基础上，还能做好经验沉淀、能力萃取、人才培养及持续迭代，系统性地加快组织进化的速度，更好地帮助企业提升对当期经营的掌控力和对未来发展的拓展力。数字化能发挥其进化力，做好系统性赋能，承担更多的重复性工作，降低工作强度，释放组织精力；提供更强大的经验性赋能，降低工作难度，提升组织能力；挖掘更多的先进做法，并不断地持续迭代，转化为更好的系统工具支撑，进一步提升组织能力和效率，持续提升均值。

4.2　建筑业数字化转型的问题

相对而言，建筑业的数字化转型还处于初期阶段，大家对于数字化的价值普遍认可，但建设推进中还存在很多困难和阻碍。对于数字化转型过程中所面临的问题及其产生的原因，编委会主要从主观层面进行了总结梳理。建筑业数字化转型的问题主要包括应用效果不明显、实施路径不清晰、领导参与深度不足等。

第一，数字化应用效果不明显。数字化应用效果不明显的原因主要还是企业对数字化的认知不足，觉得有数、有智慧大屏、有智能硬件，就是数字化了。一些企业认为，有了企业资源计划系统、财务系统等这些信息化系统，能够看到经营数据，就是数字化。毕竟，从过去的"没数"到现在的"有数"，已然是质的飞跃。然而，这些"数"的局限性很快显现出来。一是数据统计需要时间，经过层层上报及汇总分析，上个月的情况通常得等到下个月10号或15号才能出来，看到的时候就已经晚了；二是有些数据比如收入、利润、现金流，是结果性指标，等看到的时候已经发生了，也无法改变；三是有些过程性的经营数据，还得靠人工填报，无法保证完全准确；四是各个层级和各个条线出具的数据往往还不一样，一到开会，特别是季度经营分析会，光是"对数"就得折腾半天，还总是对不清楚。当数据本身存在着明显的滞后性及在真实性、完整性和准确性上存在显著的局限性，在拉通各个组织条线、各个组织层级方面有心无力时，通过这样的数据看到的世界，只能是点状的、线性的、碎片化的、彼此对不上的。所以说有数字，不等于数字化；有信息化系统，也不等于数字化。还有一个普遍现象，是数字化项目推进时，必须优先保证智慧大屏，能够直观进行展示汇报；至于大屏显示背后的数据，具体是什么定义、什么来源、怎么分析的，是否真的是实时数据、准确数据、经过了交叉验证，是否真的在各个条线、各个层级之间做到了拉通对齐等拷问，就不深究了。其实，智慧大屏只是展示数据分析的一种媒介。徒有大屏，并不能保证其背后数据的质量，更不能因此证明数字化的成功。所以说有智慧大屏，不等于数字化。这些年，还流行过一阵物联网工地。总觉得上了能联网的智能硬件，突破了传统数据的种种局限，能实时采集数据，就是数字化。比如，装些"智能摄像头"，实时进行人脸及车牌识别，将抽烟、乱扔烟头、没戴安全帽等不符合安全规范的行为尽收眼底；再如，配备些无人机，从空中鸟瞰工地现场的整体情况。相比过去，能通过建筑工地上的多种智能硬件看到"实时且真实的现场情况"，已然是实质性进步；但只有数据没有连接，不能及时触发后续的管理动作和调整决策形成管理闭环，这些智能硬件等的确很难真正发挥价值。

第二，数字化实施路径不清晰。数字化实施路径不清晰的问题主要集中在以下三个方面。一是技术和业务"两张皮"。由于大多数企业中负责数字化业务的是独立部门，其面对核心业务部门和主要职能部门，似乎都插不上手，只能零打碎敲地搞点周边了。结果就是，好钢没有用到刀刃上，大量数字化转型的资源没有用于核心业务的提升，没有形成系统性的规划，自然很难创造实效。数字化的战略定位，在于赋能业务。企业要的不是数字技术本身，而是要扎扎实实地通过数字技术助力业务发展，提高效率，提升效益。数字化必须与业务深度融合，必须有力支撑管理决策，必须为企业创造价值。这个战略定位，必须清晰。二是数据基础未打牢方面，这是很多企业都会面临的问题。企业对数字化抱有极大的热情与期许，然而随着投入越来越大，投入与产出越来越不成正比，这种"雷声大"的起势，往往会伴随着"雨点小"的过程。如果企业的数据基础还在数据孤岛阶段，还没有在各层级、各条线及各信息系统之间，做到数据定义、口径、标准、采集及校验方式等方面系统性地拉通对齐，还没有实现系统性的透明可见，就想一步达到所谓的"人工智能、智能管理、智能建筑"等各种新名词描绘的理想境界，是不可能的。三是自己开发软件效果不理想。有自主开发软件的企业通常是出于两个原因的考虑：其一是为了确保"数据安全"，其二是为了追求"第二曲线"。重视数据安全，与必须全部自力更生，是两件事。今天在数字时代，我们要做的不是重新发明轮子，而是用好时代的馈赠，借助各种已有的数字化基础设施及软硬件解决方案，提升业务经营的效率和效益。更何况，建筑行业的人才吸引力本来就不高，数字化能力基础也比较薄弱。我们在调研中也有企业提到，光靠自身的人才储备及能力积累，的确很难满足企业数字化转型的全部需要。要充分借助外部合作伙伴，把专业的事交给专业的人做。

第三，领导参与深度不足。领导参与深度不足也是企业在推进数字化建设过程中普遍存在的问题。建筑企业的"一把手"通常不是数字技术出身，谈到数字化，面对各种数字化新名词，总觉得不知所云。遇到与数字化相关的重大决策，尤其是那些投入大、周期长、见效慢、风险高的大手笔，时常会觉得不太靠谱。但心里觉得不靠谱，嘴上也不方便说，总不能全都枪毙啊，要不更加会被贴上"保守落后、思想僵化、不能与时俱进"的种种标签。如此左右为难，有些建筑企业的一把手会选择让某位副总经理担任数字化转型工作的牵头人，在全公司或全集团的层面，全权负责与数字化转型相关的各项工作。通常，能被指定为牵头人，都是资历深、威望高、业务能力强的某主要业务或职能条线的负责人。然而，即便是有资历、有威望、有能力，牵头人的权限也仅限于"牵头"而已，对其他业务及职能条线，既不存在汇报关系，又不涉及绩效考核。所以，经常是做着做着，就从"全公司或全集团层面的数字化转型"坍缩成了"某业务或职能条线内的数字化转型"。当然，能有一个先动起来，总比所有条线都一动不动好。但问题是，建筑企业的数字化转型并不是一个简单的技术问题，更不是仅靠技术就能解决的问题。面对各种"深水区问题"（例如，如何打破业务及组织割裂，在各个数据孤岛之间建立有效连接，夯实数据基础；如何打通对齐各层级、各条线、各部门及参与各方，形成快速有效的 PDCA 管理闭环；如何优化组织协同方式、加快能力提升速度、加强人才梯队建设等），没有"一把手"的深度参与，数字化牵头人也只能选择回避。但是，这些"深水区问题"恰恰是企业数字化转型的关键。

4.3　建筑业数字化转型的建议

上文已经针对建筑企业在推进数字化转型中希望收获的价值和所面临的问题进行了总结梳理，对此编委会希望对企业数字化转型提出一些建议，以便企业在推进数字化转型过程中有所参考。

首先，企业在推进数字化转型工作时，先要建立数字化思维。一是数字化的本质，其核心是三要素：数据、连接、算法。数据是数字化的根，连接是数字化的脉，算法是数字化的魂。建筑业企业要想构建透明、高效、持续进化的数字化体系，真正发挥出数字化的系统性能力，数据、连接、算法都至关重要。二是数字化转型的本质，其核心是系统性重塑。企业要想数字化转型成功，必须秉承系统性思维，做好认知升级、业务升级、组织升级，实现系统性重塑，提升对当期经营的掌控力和对未来发展的拓展力，实现高质量发展。三是数字化转型领导人的选择，正因为数字化转型是系统性重塑，是关乎企业未来兴衰存亡的根本大计，一把手不仅"应该是"而且"必须是"领导企业数字化转型的人选。四是推动组织认知升级，企业的一把手要充分认识到组织认知升级的必要性、持续性、系统性，要带领核心团队做好表率，亲力亲为，真学真做，探索适合自身的数字化转型的核心理念及方法论。数字化转型是建筑业企业系统性重塑的历史机遇，没有认知基础，没有共识支撑，数字化转型将是无本之木，无源之水，因此，一定要高度重视数字化转型的第一步"认知升级"。

其次，企业要将自身业务与数字化进行融合，形成数字化生产力。一是要看清阶段，面对现实。依据企业数字化成熟度，高度重视数据基础工作，始终牢记数据是数字化的根，夯实数据基础。二是要制定战略，明确目标。在战略意图上，要明确企业做数字化转型是要通过系统性重塑，构建数字化生产力，提升企业的掌控力和拓展力，增强发展韧性，实现高质量发展。在战略定位上，要明确数字化转型是为了赋能业务，业务战略系统性牵引数字化转型战略，数字化转型战略系统性支撑业务战略。在战略目标上，要制定明确具体、可衡量、可考核的数字化转型指标体系，要贴合业务、长短期结合、定性定量并重，把数字化转型对业务的系统性支撑落到指标上，形成合力。在伙伴选择上，要有意识地打破传统企业边界，选择深耕建筑业、理念领先、迭代快速的数字化科技企业，构建新型数字生态，把建筑基因和数字基因有机融合，支撑企业数字化转型取得成功。三是要规划路径，把握节奏。通过准确、及时和全面的数据，纵向打通组织层级、横向拉通职能条线的连接，以及基于分析、判断及决策规则自动化，实现管理前置数字化的算法，逐步实现系统性的透明可见、高效运转及持续进化。企业的数字化转型，可以从某个单点开始，以点带线，以线带面，继而覆盖到整体，持续进化。四是要找准切入点，建立信心。在数字化转型启动初期，一定要找准切入点，尽可能针对最典型的业务难点或管理痛点，以"见效快、价值大"为牵引，把数字化转型的试点项目做好，让大家尝到真真切切的甜头，看到实实在在的价值，逐步对数字化转型树立起扎扎实实的信心。

最后，企业要持续建立并优化数字化转型组织，构建数字化生产关系。一是企业与员工的关系要从管控转向系统性赋能。不强调管控，不是没有管控。当数字化实现系统性的透明可见时，透明就是最好的监督。当数字化工具系统成为作业及管理平台时，不仅能承担大量的重复性工作，提供强大的经验性支撑，还能动态地持续性迭代。二是企业与客户的关系要从同质化转向差异化领先。随着建筑业高增长时代的结束，同质化竞争日趋惨烈，企业要想突破重围，必须坚定选择数字化转型，构建新的数字化核心能力。三是企业与上下游的关系要从零和博弈转向合作式共赢。在建筑业传统模式中，设计、采购、施工、交付阶段相对割裂，各参与方往往各自为战。这样零和博弈的生产关系，严重制约了工程项目的整体效益和建筑行业的高质量发展。数字化加持下的新型集成项目交付模式，通过构建"风险共担、价值共创、利益共享"的生态合作伙伴关系，能把各参与方拧成一股绳，从整个项目的角度，做到收益最大化和浪费最小化，确保每个参与方都能实现合作共赢。